PROTÉINES :
PRIORITÉ AU VÉGÉTAL

Livre éco-conçu

Terre vivante a réalisé en 2010 la première analyse du cycle de vie (ACV) d'un livre en France. Cette étude nous a permis d'identifier les impacts de la fabrication d'un livre sur l'environnement, dans l'objectif de les limiter : *Fabriquer des livres, quels impacts sur l'environnement ?* à consulter sur www.terrevivante.org

Le papier choisi pour cet ouvrage est issu de pâte vierge produite écologiquement en Europe à partir de forêts gérées durablement. Il ne provient pas de pâte à papier fabriquée aux quatre coins du monde ! Ce livre est de plus imprimé en France, par un imprimeur soucieux de préserver l'environnement à travers des actions d'économies d'énergie, de valorisation des déchets, d'utilisation de produits moins nocifs pour la santé des travailleurs...

Depuis 1979, Terre vivante vous fait partager ses expériences en matière d'écologie pratique : jardinage bio, habitat écologique, alimentation saine et bien-être, consommation responsable...à travers :
- l'édition de livres pratiques,
- le magazine *4 saisons*,
- des jardins écologiques proposant des stages pratiques,
- le portail Internet www.terrevivante.org.

Le catalogue des ouvrages publiés par Terre vivante est disponible sur simple demande et sur Internet.

Terre vivante, domaine de Raud, 38710 Mens.
Tél. 04 76 34 80 80. Email : info@terrevivante.org
www.terrevivante.org

Direction éditoriale : Brigitte Michaud
Suivi éditorial : Julie Dubout
Mise en page et couverture : Françoise Masson
Photographies : Delphine Paslin

ISBN : 978-2-36098-580-7

Dr. Lylian **Le Goff** et Claude **Aubert**

PROTÉINES : PRIORITÉ AU VÉGÉTAL

Préserver sa santé, protéger la planète

terre vivante

SOMMAIRE

INTRODUCTION

Pourquoi ce livre ? À la fois pour répondre au constat de plus en plus partagé selon lequel nous mangeons trop de viande et pour apporter des alternatives nutritionnelles concrètes, tout en veillant à l'équilibre alimentaire et au plaisir gustatif, grâce à de nombreuses recettes privilégiant la consommation de protéines d'origine végétale.

Les données alarmantes s'accumulent quant à l'impact de nos comportements sur notre santé et celle de la planète. Une alimentation trop carnée favorise tout autant les cancers, maladies de surcharges et cardiovasculaires que les atteintes portées au climat et à la biodiversité.

En matière de santé, il s'agit le plus souvent de gérer des maladies faute de prévention. Or, celle-ci est intimement liée à notre alimentation, dans laquelle l'équilibre des apports en protéines joue un rôle fondamental.

Comment bien se nourrir si on réduit nos apports en protéines animales (menus mixtes), si on les limite aux œufs et laitages (menus végétariens) ou si on les supprime (menus végétaliens) ? Trop souvent, ceux qui font l'état des lieux et dénoncent une consommation de viande excessive restent vagues dans la description des autres possibilités et ne donnent pas de solutions crédibles et accessibles.

L'objectif de cet ouvrage est de (re)découvrir les protéines d'origine végétale, principalement *via* la consommation de céréales, légumineuses et fruits à coque, indispensables à une alimentation saine, équilibrée, variée, riche en nutriments protecteurs et à la portée de tous, car très économique.

La démonstration est faite, depuis une vingtaine d'années, en restauration collective, qu'il est possible de manger régulièrement bio sans dépenser plus, grâce à la variété et la complémentarité des apports en protéines d'origines animale et végétale.

Il s'agit bien d'une redécouverte. Si l'on considère l'évolution de la consommation de protéines au cours de ces dernières décennies, on remarque que les protéines végétales ont largement disparu de nos assiettes ! Certains plats proposés dans cet ouvrage font pourtant partie des traditions culinaires de nos terroirs. Quant au mariage légumineuses-céréales complètes, fondamental pour une alimentation variée et équilibrée, il se retrouve dans toutes les cultures culinaires de par le monde. La cuisine des protéines végétales est donc véritablement universelle !

On ne met pas sa santé en danger en se nourrissant de protéines végétales : non seulement les acides aminés qui les composent sont les mêmes que ceux des protéines animales, mais en outre elles sont accompagnées de bien plus de nutriments protecteurs !

Toutes les recettes détaillées dans cet ouvrage, répondent aux préceptes de l'équilibre alimentaire et aux bienfaits reconnus de modes d'alimentation à dominante végétale, comme l'alimentation crétoise ou méditerranéenne. Rien de révolutionnaire, rien de tendance, il s'agit simplement de renouer avec le bon sens, le fruit de l'expérience et de stimuler sa créativité culinaire grâce à la variété de ces recettes savoureuses et leurs nombreuses variantes !

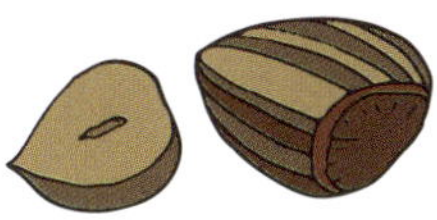

15 ml

POURQUOI ET COMMENT MANGER DES PROTÉINES VÉGÉTALES ?

Nous sommes faits – principalement – de protéines, qu'elles soient d'origine animale ou végétale

Quand on parle de protéines, on pense d'abord à celles qu'on doit mettre dans notre assiette. Effectivement, l'apport en protéines doit être considéré comme le pilier d'un repas principal autour duquel s'organisent les autres apports de nutriments.

Les protéines, matériaux de construction, pièces de rechange et clés du fonctionnement des êtres vivants

La viande est composée de protéines, selon une teneur moyenne de 20 %, accompagnées de lipides, matières grasses (majoritairement saturées) et d'eau. Les teneurs en lipides et matières grasses sont variables, égales ou supérieures à celles des protéines, pour le bœuf, le mouton, l'agneau, le porc et les charcuteries. C'est vrai aussi bien des muscles que des abats, c'est-à-dire des organes. Biologiquement, nous sommes de la « viande », comme les animaux. Notre masse corporelle est constituée à 17 % de protéines et 65 % d'eau. La particularité des protéines, par rapport aux autres constituants de notre organisme, est de contenir de l'azote, élément indispensable à tous les êtres vivants. Toutes les cellules de notre organisme sont fondamentalement constituées de protéines et se renouvellent en permanence. Mais ces protéines sont beaucoup plus que des « matériaux de construction » ; ce sont aussi des éléments de fonctionnement vitaux avec l'hémoglobine, les enzymes, les neurotransmetteurs, les anticorps, les leucocytes (globules blancs), les hormones, etc., ce qui implique un apport régulier à la fois quantitatif et qualitatif.

Les acides aminés, constituants de base des protéines

Les protéines sont constituées d'un assemblage complexe de molécules plus simples : les acides aminés, l'azote étant l'élément constitutif spécifique. Il en existe plus de 300, mais 20 seulement sont présents dans notre organisme. Sur ces 20, 8 sont dits indispensables car, contrairement aux autres, notre organisme est incapable de les fabriquer et doit par conséquent être apporté par l'alimentation : **valine, isoleucine, lysine, méthionine, leucine, phénylalanine, thréonine, tryptophane.** Pour les nourrissons, il faut en ajouter un neuvième : l'histidine.

La proportion de ces acides aminés indispensables varie beaucoup selon l'origine des protéines. Dans les sources de protéines animales (viande, poisson, œuf, produits laitiers), les apports en acides aminés essentiels correspondent sensiblement aux besoins de notre organisme, mais seuls le jaune d'œuf et le lait maternel possèdent les huit dans des proportions optimales.

Pour les protéines végétales, c'est différent. Dans certaines d'entre elles, un ou deux acides aminés sont présents en quantité insuffisante pour satisfaire nos besoins. On parle alors d'acide aminé limitant. C'est le cas de la lysine pour la plupart des céréales et de la méthionine pour les légumineuses. Il existe toutefois des exceptions qui apportent tous les acides aminés essentiels : quinoa, sarrasin, riz sauvage, amarante du côté des céréales, soja chez les légumineuses. Ces insuffisances ne sont pas une raison pour délaisser ces protéines végétales, car ce qui peut manquer dans une céréale se trouvera dans une légumineuse et inversement. Par conséquent, associées au cours d'un même repas, deux sources différentes de protéines végétales peuvent se compléter avec des apports qualitatifs en acides aminés équivalents à ceux des produits d'origine animale !

C'est ce que l'ensemble des peuples de la terre avaient compris empiriquement, puisqu'on retrouve dans toutes les traditions alimentaires l'association des céréales et des légumineuses : riz et soja en Asie, maïs et haricots sur le continent américain, mil et niébés en Afrique noire, couscous et pois chiches au Maghreb. En France, les haricots secs étaient un ingrédient essentiel de nombreuses soupes de légumes dans lesquelles on trempait des tranches de pain ; en Vendée, on tartinait ces haricots sur du pain. En Italie, ce type de soupes végétaliennes nourrissantes s'appelle « minestrone »...

Il est possible aussi, bien sûr, d'associer un peu de protéines animales avec une céréale ou une légumineuse, afin d'assurer cette complémentarité en acides aminés essentiels, réalisant alors des « plats mixtes » avec viande ou poisson, ou des plats végétariens avec œufs ou laitages. La valeur biologique d'une protéine est fonction de ses teneurs en acides aminés indispensables et non indispensables, affectée d'un éventuel facteur limitant dû à la présence en quantité insuffisante d'un acide aminé essentiel, ce qui entrave l'assimilation des autres acides aminés.

Par convention, la valeur biologique protéique de référence est de 100 % et correspond à celles de l'œuf et du lait maternel. Les valeurs des autres protéines animales se situent entre 85 et 90 % (légers déficits, notamment en méthionine). Exception faite du soja, qui contient tous les acides aminés indispensables dans des proportions correspondant à nos besoins. Le facteur limitant des légumineuses et des céréales complètes est plus marqué, avec une valeur biologique de 70 à 85 %. En revanche, leur association complémentaire comblant leurs déficits, elles parviennent à une valeur biologique égale ou supérieure à celle de la viande. Ces données expérimentales valident les pratiques d'une alimentation végétarienne, voire végétalienne, à condition de bien respecter la complémentarité céréales-légumineuses sur un repas ou sur la journée.

Comment les protéines animales ont supplanté les protéines végétales

Jusqu'à une époque récente, lorsqu'on parlait de protéines, on ne pensait qu'à la viande, au poisson, aux œufs et aux produits laitiers ; les végétaux étaient très rarement mentionnés. Et pourtant, jusqu'au début de la révolution industrielle, ces derniers constituaient les principales sources de protéines soit deux tiers à trois quarts de l'apport protéique total. Les protéines animales ne venaient qu'en complément. Par la suite, cette proportion s'est inversée dans tous les pays industrialisés. Cette évolution s'explique principalement par des raisons sociologiques et techniques. Sociologiques, parce que la viande a toujours été un aliment cher, le plus souvent réservé aux dimanches et aux jours de fête[1]. Seuls les riches pouvaient s'offrir de la viande quotidiennement. Avec l'élévation du niveau de vie, la majorité de la population a pu faire de même, à chaque repas. Ce progrès a été grandement favorisé par une raison technique : l'industrialisation de l'élevage, qui a permis d'abaisser le prix de la viande. Les légumineuses, demeurant très économiques, étaient alors qualifiées de « viande du pauvre ».

1 Un des objectifs de Henri IV n'était-il pas la poule au pot pour tous les laboureurs tous les dimanches ?

Par ailleurs, pendant longtemps, les médecins ont encouragé la consommation de viande qui « donnait des forces » et « permettait de grandir ». On a pris l'habitude d'organiser chaque repas principal autour d'un morceau de viande ou de poisson. Le reste de l'assiette n'était plus qu'accompagnement : le plus souvent du riz, des frites, des haricots verts ou un autre légume. Quant au pain, qui jadis était un aliment essentiel à base de farine complète, il est devenu facultatif. S'il est toujours présent sur la table, on le consomme en moindre quantité et généralement sous la forme de baguettes à base de farine blanche raffinée – autre symbole alimentaire, avec la viande, d'une nouvelle ère de prospérité au sortir de la Seconde Guerre mondiale. C'est ainsi que la consommation de viande a été multipliée par quatre et celle de légumineuses divisée par dix.

Un troisième facteur peut expliquer – et non justifier – l'abandon des protéines végétales au profit des produits animaux : l'introduction en Europe, par les conquistadores, de la pomme de terre, avec un grand succès au fil du temps. Ce tubercule, riche en amidon, comme les produits céréaliers et les légumineuses, a souvent supplanté ces derniers. Toutefois, la pomme de terre étant très pauvre en protéines, on la complète par des produits animaux que l'on vient à surconsommer.

Les bonnes raisons de consommer des protéines végétales

Pour notre santé

Les protéines végétales sont supérieures aux protéines animales pour de nombreuses raisons. Les aliments qui les contiennent :

- apportent en plus de précieux constituants protecteurs, indispensables, qui manquent ou sont présents en quantités nettement moindres dans les aliments d'origine animale : fibres, minéraux, vitamines, polyphénols, etc. (voir tableau p. 246) ;
- ont une richesse en fibres particulièrement intéressante, sachant que les produits animaux en sont dépourvus et que l'alimentation industrialisée et raffinée en apporte trop peu : environ 20 g par jour, la moitié seulement de l'apport

recommandé ! L'enquête épidémiologique SUVIMAX (voir p. 249) parle même de carence (voir p. 249), alors que l'on connaît l'importance du rôle des fibres pour notre organisme et dans la prévention des maladies chroniques dites de civilisation (voir p. 248). Le règne végétal a le monopole des apports en fibres et ce sont les légumineuses, les céréales complètes et les fruits à coque qui en sont les plus riches (avec une teneur moyenne respective de 17,5 %, 10,5 % et 8 %) ;

- n'apportent pas ou très peu de matières grasses saturées ;
- ont un index glycémique moyen pour les céréales et très bas pour les légumineuses et fruits à coque (les aliments à index glycémique bas sont une composante importante de la prévention du surpoids, du diabète de type II, des maladies cardiovasculaires et du cancer).

Les protéines végétales s'avèrent globalement beaucoup plus favorables à la santé que les protéines animales selon de nombreuses études épidémiologiques

- Impact sur la mortalité cardiovasculaire des principales sources de protéines (Therrey, 2018)[2]. Dans cette étude, les deux seules sources qui aient un impact important sur cette mortalité sont la viande (+ 61 %) et les fruits à coque et graines oléagineuses (- 40 %).
- Impact sur l'infarctus du myocarde de la quantité et de l'origine des protéines ingérées (Preis, 2010) : étude portant sur 43 960 hommes durant 18 ans. Le risque est augmenté de 30 % chez ceux qui ont une consommation excessive de protéines (quelle que soit leur origine). Par ailleurs, ce risque est augmenté de 40 % chez les consommateurs principalement de protéines animales et diminué de 40 % chez ceux qui consomment en majorité des protéines végétales.
- Diabète et consommation de protéines (Sluijs, 2010) : doublement du risque de diabète lorsque la consommation totale de protéines passe de 64 à 88 g par jour. Or la consommation moyenne en France est de 87 g. Le passage de 35 à 62 g de protéines animales a le même effet. Par contre, l'augmentation de la consommation de protéines végétales diminue légèrement le risque.
- Pertes osseuses et risques de fracture de hanche (Sellmeyer, 2001) : augmentation chez les femmes âgées qui consomment davantage de protéines animales que végétales.

2 Important : les références complètes des études mentionnées dans cet ouvrage sont disponibles sur le site Google Scholar en entrant le nom de l'auteur, l'année et le sujet traité (en anglais).

L'expérience d'un médecin

Mon expérience confirme cette dernière étude : j'ai pu constater fréquemment des cas de déminéralisation en dépit d'une consommation régulière, voire importante, de produits laitiers, particulièrement chez des femmes ménopausées, venant consulter catastrophées avec les résultats alarmants de leur ostéodensitométrie. Ce paradoxe s'explique par l'importance d'une alimentation cohérente : nombre d'impasses sont évitables grâce à une démarche alimentaire privilégiant qualité et complémentarité plutôt que quantité, ce qu'illustre bien l'exemple du calcium. En réalité, celui-ci est peu assimilé et fixé si les apports proviennent d'une alimentation trop grasse et/ou trop acidifiante, ce qui est le cas lorsque les protéines végétales sont délaissées au profit des produits animaux.

En effet, des graisses en excès dans l'intestin, apportées par les produits laitiers riches en corps gras saturés (fromages affinés, beurre, etc.) et les protéines carnées (en plus des corps gras de cuisson) se combinent avec les minéraux pour former des savons insolubles et inassimilables : le calcium du lait et des fromages est alors en grande partie éliminé avec les selles ! Un deuxième facteur aggrave la situation : faute d'apports suffisants en minéraux alcalinisants, apportés normalement par une alimentation riche en végétaux (voir équilibre acido-basique p. 64), la tendance à l'accentuation de l'acidose va forcer l'organisme à compenser en puisant dans les réserves minérales du squelette… qui se décalcifie !

Loin d'être une source de problèmes, on voit que l'alimentation à dominante végétale apporte des solutions pour la prévention de l'ostéoporose et de bien d'autres maladies chroniques en pleine expansion, comme l'attestent les études citées précédemment, les produits laitiers n'intervenant que comme compléments (yaourts et kéfirs, riches en ferments protecteurs, étant les plus recommandables).

Dr. Lylian Le Goff

Preuves de l'effet bénéfique de chacune des trois grandes sources d'apports en protéines végétales : céréales complètes, légumineuses et fruits à coque

Impact sur la santé de quelques sources de protéines (en % de diminution ou d'augmentation du risque de maladie ou de mortalité)

Source de protéines	Mortalité toutes causes	Maladies cardio-vasculaires	Hypertension	Cancer colorectal
Protéines végétales				
Céréales complètes	- 16 %	- 17 %	- 5 %	- 16 %
Légumineuses	- 10 %	- 11 %	- 6 %	- 3 %
Fruits à coque (noix, amandes et autres)	- 15 %	- 16 %	- 12 %	- 17 %
Protéines animales				
Viande rouge	+ 16 %	+ 9 %	+ 16 %	+ 27 %
Charcuterie	+ 12 %	+ 11 %	+ 7 %	+ 20 %
Œufs	+ 7 %	+ 2 %	nd	+ 23 %
Produits laitiers	de - 3 à + 16 % selon quantité	de - 4 à + 2 % selon quantité	- 10 %	de - 11 à - 5 %

Source : (Schwingshackl, 2017) méta-analyses faisant le bilan de toutes les études publiées sur ce sujet.

La consommation régulière de céréales complètes (plus de 90 g par jour) a d'impressionnants effets bénéfiques sur la santé (Aune, 2016) : réduction de 16 % des maladies cardiovasculaires, de 20 % des AVC, de 35 % des maladies cardiovasculaires, de 14 % des cancers de 36 % du diabète et de 18 % de la mortalité toutes causes.

Les légumineuses et les fruits à coque ont des effets similaires.

Légumineuses : diminution de la mortalité toutes causes de 10 %, de celle par maladies cardiovasculaires de 10 à 22 %, du diabète de 38 % (Bazzano 2001, Marventano 2016, Aune 2016, Villegas 2008).

Fruits à coque : selon les études, diminution des maladies cardiovasculaires de 20 à 40 %, du cancer de 14 %, du diabète de 36 %, des maladies infectieuses de 20 %, de la mortalité toutes causes de 18 %.

Pourquoi se limiter aux fruits et légumes ?
La consommation des trois principales sources de protéines végétales (céréales, légumineuses et fruits à coque) diminue davantage la mortalité que la consommation des fruits et légumes. Cinq fruits et légumes par jour, c'est bien, mais ne faudrait-il pas communiquer de même sur les aliments sources de protéines végétales ?

Pour la planète et pour nourrir 10 milliards de terriens

La nécessité, pour des raisons écologiques et humanitaires, de réduire notre consommation de viande et de produits laitiers fait maintenant consensus. Consommer beaucoup moins de protéines animales, et en particulier de viande, est nécessaire pour plusieurs raisons.

- L'élevage contribue pour 15 % au réchauffement climatique, c'est-à-dire presque autant que la totalité des transports routiers de personnes et de marchandises (17 %). Actuellement, le plus gros contingent des gaz à effet de serre (33 %) est lié au contenu de notre assiette selon un bilan prenant en compte tout ce qui est mis en œuvre pour « l'approvisionner ». Sachant que le bilan carbone du végétarien est deux à trois fois moindre que celui du mangeur régulier de viande, on voit bien qu'une partie importante de la préservation du climat passe par notre comportement alimentaire.

Émissions de gaz à effet de serre par kg de protéines

Source de protéines	kg CO_2eq[3] émis par kg de protéines
Légumineuses	2
Céréales	4
Œufs	30
Viande de poulet	45
Viande de porc	55
Lait de vache	80
Viande de bœuf	290

Source : Ademe.

3 L'empreinte carbone totale des trois principaux gaz à effet de serre (CO_2, N_2O et CH_4) est exprimée en équivalent CO_2.

- L'élevage est responsable en France de 64 % des émissions d'ammoniac dans l'air (700 000 tonnes par an), une pollution considérable qui contribue notamment à la formation de particules fines (qui globalement sont responsables de 67 000 morts prématurées chaque année[4]) et aux émissions de gaz à effets de serre avec le N_2O (265 fois plus échauffant que le CO_2).
- La production de viande conduit à un énorme gaspillage d'azote. Pour synthétiser les protéines présentes dans leurs tissus, les plantes et les animaux ont besoin d'azote. Les plantes le trouvent dans le sol, les animaux dans les plantes qu'ils consomment. Une partie seulement de l'azote absorbé est intégrée dans leurs tissus, sous forme de protéines, le reste étant rejeté dans l'environnement, sous forme de résidus de récolte pour les plantes (ce qui n'est pas récolté) et de déjections (urine, déjections solides) pour les animaux. La proportion d'azote absorbé par les plantes ou ingéré par les animaux réellement utilisée se mesure par l'Efficacité d'Utilisation de l'Azote (NUE[5] en anglais). Par exemple, pour prendre deux cas extrêmes, une légumineuse conserve dans ses tissus environ 75 % de l'azote qu'elle a absorbé, alors qu'une chèvre ou un mouton n'en conserve qu'environ 6 %, le reste étant rejeté dans l'environnement.

NUE des principales sources de protéines végétales et animales

Famille d'aliments	Efficacité d'utilisation de l'azote (NUE) = % de l'azote absorbé réellement utilisé
Légumineuses	75 %
Céréales	63 %
Œufs	30 %
Viande de volaille	28 %
Viande de porc	20 %
Produits laitiers	19 %
Viande de bœuf	7 %
Viande de mouton ou de chèvre	6 %

Source : Westhock, 2015.

4 Selon les chiffres de l'OMS.
5 Nitrogen Use Efficiency.

Par ailleurs, la production des protéines animales exige beaucoup plus de surface agricole et d'eau que celle des protéines végétales, comme le montrent les chiffres ci-dessous.

Surface et volume d'eau requis pour produire la quantité de protéines nécessaires à une personne pendant un an (22 kg)

Origine des protéines	Surface nécessaire	Quantité d'eau nécessaire (hors eau de pluie)
Soja	320 m²	0 (en culture non irriguée)
Légumes secs[6]	460 m²	0 (en culture non irriguée)
Céréales	500 m²	0 (en culture non irriguée)
Viande de volaille	1 200 m²	2 740 litres*
Produits laitiers	1 200 m²	21 000 litres*
Viande de porc	2 000 m²	3 000 litres*
Viande de bœuf	3 500 m²	26 700 litres*

*Chiffres calculés si les cultures des aliments du bétail ne sont pas irriguées. Dans le cas contraire, les consommations d'eau sont encore plus importantes. Les chiffres les plus frappants concernent la consommation d'eau par les animaux. Un bœuf boit environ 60 litres d'eau par jour.

Ces chiffres ne prennent en compte que la quantité de protéines contenues dans chaque famille d'aliments. Or, les sources de protéines végétales apportent bien d'autres nutriments de base (glucides, lipides, minéraux, fibres) et constituants protecteurs, contrairement à la viande qui apporte peu d'autres choses, hormis des lipides plutôt indésirables (graisses saturées). La différence de surface nécessaire entre aliments végétaux et aliments animaux pour nourrir une personne est donc encore plus importante que celle qui ressort des chiffres ci-dessus. Selon une estimation très grossière, il faudrait environ 1 000 m² pour une alimentation à forte dominante végétale contre 7 000 m² pour une alimentation très carnée. Sachant qu'environ 1, 5 milliards d'hectares sont cultivés dans le monde, on pourrait donc facilement nourrir 10 milliards d'humains avec une alimentation à forte dominante végétale, ce qui serait impossible avec une alimentation carnée.

6 Les légumes secs regroupent les légumineuses à l'exception du soja.

Pour notre budget

Les protéines animales sont de loin le premier poste de dépense de notre budget alimentation avec 25 % pour la viande, 15 % pour les œufs et les produits laitiers et 8 % pour le poisson, soit 48 % du total des dépenses alimentaires[7]. Une diminution de la consommation de ces protéines au profit des protéines végétales diminue considérablement ces chiffres.

Prix de 60 g de protéines (quantité moyenne correspondant aux besoins quotidiens d'un adulte) selon leur origine

Sources de protéines	Prix de 60 g de protéines (en bio)
Protéines végétales	
Lentilles	1 €
Haricots secs	1,10 €
Pois cassés	1,10 €
Pois chiches	1,20 €
Pâtes complètes ou semi-complètes	1,25 €
Couscous	1,50 €
Autres céréales	2 €
Pain complet	2,70 €
Moyenne protéines végétales	**1,46 €**
Protéines animales	
Yaourt	3,75 €
Œufs	4 €
Bœuf à bouillir	5,50 €
Fromages affinés (moyenne)	6,25 €
Beefsteak	7 €
Rôti de porc	7,40 €
Gigot d'agneau	7,80 €
Poulet	7,80 €
Dos de cabillaud	8,25 €
Faux filet	10 €
Moyennes protéines animales	**6,78 €**

7 Selon le Ministère de l'Agriculture et de l'Alimentation

Se comporter en consommateur futé

À apport protéique égal, la viande coûte sept fois plus cher que les légumineuses. Remplacer la moitié des protéines animales que nous consommons par des protéines végétales conduirait à diminuer de près de 20 % notre budget alimentation, tout en améliorant notre santé.

C'est cette économie, réalisée grâce à la variété et la complémentarité des apports en protéines d'origines animales et végétales, qui permet de manger bio régulièrement pour le même budget, même en restauration collective[8] et ainsi d'allier l'intérêt particulier et l'intérêt général.

Pour contribuer à réduire les impacts négatifs des surproductions animales

Ces impacts, résumés dans le tableau page suivante, sont nombreux et résultent en grande partie de cette inversion radicale de consommation entre protéines animales et végétales. Il importe toutefois de préciser que si les protéines végétales en tant que telles ont quasiment disparu de nos assiettes, elles sont toujours produites en grandes quantités, avec force engrais chimiques et pesticides, pour un usage fourrager destiné aux auges des élevages intensifs hors sol, dont les conditions concentrationnaires fragilisent les animaux et obligent à une prophylaxie par antibiotiques quasi-systématique.

8 Lylian Le Goff, *Manger bio c'est pas du luxe*, Terre vivante, 2006.

Méfaits induits par les surproductions animales

Impacts ENVIRONNEMENTAUX	• Cultures fourragères intensives : érosion des sols ; gaspillage de l'eau ; pollutions des sols, de l'eau et de l'air ; déforestation (en Amazonie, par exemple, pour produire du soja transgénique que nous importons pour nos élevages). • Réduction de la biodiversité (sélections variétales, monocultures, pollutions). • Excès de déjections : pollution de l'eau et de l'air par nitrates et phosphates ; pestilences ; eutrophisation des eaux ; « marées vertes »[9] ; stérilisation des sols. • Majoration de plus de 30 % de l'émanation de gaz à effet de serre de l'agriculture en raison de la surconsommation de viande : nette accentuation de notre empreinte écologique.
Impacts SANITAIRES	• Pollutions : nitrates (nitrosamines cancérigènes) ; pesticides (certains peuvent être allergisants, immunodépresseurs, neurotoxiques, cancérigènes, perturbateurs endocriniens, reprotoxiques) ; antibiotiques (allergisants ; favorisent la sélection de germes antibiorésistants et l'apparition de nouvelles maladies infectieuses dites « émergentes ») ; OGM (très liés aux pesticides, dans l'alimentation animale). • Progression constante des principaux fléaux de santé publique (obésité, diabète, maladies cardiovasculaires, cancers) du fait d'une alimentation trop carnée, trop grasse et trop pauvre en végétaux pourvoyeurs de nutriments protecteurs.
Impacts ÉNERGÉTIQUES ET SOCIO-ÉCONOMIQUES	• Forte dépendance à la pétrochimie (engrais de synthèse et traitements chimiques) : gaspillage d'énergies fossiles non renouvelables, filières polluantes condamnées à une impasse énergétique. • Gaspillage des ressources : rendements nutritionnels insoutenables. En moyenne, il faut 5 à 7 g de protéines végétales fourragères pour produire 1 g de protéines animales ; on utilise aussi seize fois plus d'eau en moyenne pour produire une même quantité de protéines animales que végétales. Plus de 50 % de la production de protéines végétales dans le monde est destinée au bétail ; deux tiers des surfaces agricoles sont consacrés aux élevages et aux productions fourragères. • L'Europe est dépendante à 80 % d'importations de protéines fourragères sous forme de soja pour nourrir ses élevages (balance commerciale grevée ; indépendance alimentaire sous tutelle) ; ce qui serait évitable avec le développement de productions, adaptées à nos sols et notre climat, de protéines végétales fourragères mais aussi destinées à la consommation humaine, afin de réduire les excès de productions carnées.

9 Prolifération envahissante d'algues vertes.

Les fausses alternatives à la viande

On trouve de plus en plus fréquemment, notamment dans les magasins bio, de concentrés de protéines végétales et d'aliments transformés qui en sont enrichis. Ces protéines proviennent le plus souvent du soja, mais aussi de pois ou autres plantes (chanvre, riz). Il ne s'agit donc pas de protéines de synthèse, mais certains modes d'extraction (dans les aliments non bio) font intervenir des solvants chimiques. De plus, les aliments enrichis en protéines contiennent souvent des additifs. Une des premières enquêtes menées par une centrale de consommateurs[10] met en garde sur leur faible teneur en ingrédients végétaux originels (de l'ordre de moins de 40 %), alors qu'ils sont en revanche accompagnés de graisses, de sucre, d'épices et d'additifs.

Et que penser de la viande artificielle *in vitro* ? Il ne s'agit pas de science-fiction : la nouvelle alternative à la viande qu'est en train de concocter l'industrie est la viande dite « cellulaire ». Il s'agit de cultiver en laboratoire des cellules souches musculaires provenant d'un animal et de les multiplier pour produire des aliments analogues à la viande proprement dite. L'objectif affiché est d'éviter l'élevage et de tuer des animaux, d'où l'accueil plutôt favorable réservé par certains à cette initiative. En réalité, il s'agit d'une nouvelle mainmise de l'industrie sur notre alimentation, n'ayant comme objectif que le profit considérable espéré si les consommateurs demeurent conditionnés à la viande. Déjà, la cité-État de Singapour a autorisé le 2 décembre 2020 la vente de nuggets de poulet fabriqués en laboratoire par une start-up de Californie et se déclare prête à accueillir le marché du porc, du lait et des crevettes de synthèse. Vaut-il mieux, pour ceux qui, pour des raisons parfaitement respectables, ne veulent pas manger d'animaux, encourager une industrialisation encore plus poussée de notre alimentation ou est-il préférable d'opter pour une alimentation plus végétale ?

10 CLCV (Consommation Logement Cadre de Vie), dépêche de l'AFP du 28 septembre 2020.

Comment introduire plus de protéines végétales dans notre alimentation quotidienne

À l'échelle individuelle

Remettre les céréales complètes au centre des repas

Contrairement à ce que l'on pense souvent, les premières sources de protéines végétales sont les céréales complètes en grains et produits dérivés (pain, pâtes, semoule, couscous, boulgour, flocons et autres). Pour une alimentation équilibrée, elles peuvent constituer la base du plat principal ou de l'entrée (taboulé), accompagner le fromage (pain) ou encore entrer dans la composition de certains desserts (tartes, gâteaux).

Lorsqu'elles sont peu appropriées ou mal acceptées, elles peuvent être remplacées par des céréales demi-complètes, à peine moins riches en protéines que les complètes (11 % contre 12 %). 200 g de céréales par jour (et non pas par repas !) paraît un minimum (une étude récente propose 230 g), soit l'apport de 22 g de protéines qui couvrent près de 40 % de nos besoins quotidiens.

Redécouvrir les multiples manières de consommer des légumineuses

Dans un plat complet, les légumineuses peuvent venir en complément des céréales, afin d'obtenir des acides aminés correspondant aux besoins de notre organisme. On peut également en faire d'excellentes salades (lentilles, pois chiches), de délicieuses soupes et les utiliser comme base de plats principaux inédits. Les dérivés du soja (tofu, tempeh, yaourts, crèmes desserts, etc.) permettent de diversifier notre consommation de légumineuses.

Varier les manières de manger des fruits à coque

Nous mangeons en moyenne 5 g de fruits à coque (noix, noisettes, amandes, noix de cajou et autres) par jour, alors que nous devrions en manger 30 à 40. Pire, une bonne partie de ces 5 g est consommée grillée et fortement salée à l'heure de l'apéritif (cacahuètes, pistaches, noix de cajou).

Astuce

Pour augmenter votre consommation de fruits à coque, faites-en sorte d'en avoir toujours sous la main. Pensez aussi, sur vos tartines, à remplacer le beurre par de la purée d'amande ou à intégrer ces fruits à diverses recettes sucrées et salées.

À retenir

200 g de céréales complètes, c'est 40 % de nos besoins quotidiens en protéines.
60 g de légumineuses, c'est 25 % de nos besoins quotidiens en protéines.
40 g de fruits à coque, c'est 14 % de nos besoins quotidiens en protéines.

Quel équilibre entre protéines végétales et protéines animales ?

Rappelons les équivalences d'apports en protéines entre produits animaux et végétaux : 20 g de protéines (soit un tiers de la ration moyenne journalière), peuvent être apportés par :

- 80 à 100 g de viande ; 100 g de poisson ; 2 à 3 jaunes d'œufs ; 620 ml de lait ; 100 g de fromage à pâte molle ; 80 g de fromage à pâte dure ; 4 yaourts de 12 cl ;
- 100 g d'une céréale complète associée à 50 g d'une légumineuse (deux tiers/un tiers) ; 100 g de fruits à coque.

Concrètement, cette variété et cette complémentarité des apports en protéines vous seront proposées sous forme de recettes répondant aux fondamentaux de l'équilibre nutritionnel exposés dans la triade alimentaire (voir p. 61). L'idée générale étant d'avoir une consommation de l'ordre de deux tiers de protéines végétales (céréales et légumineuses) pour un tiers de protéines animales (produits carnés, laitages et produits de la mer).

À l'échelle sociétale et politique

L'enjeu est considérable : revoir résolument nos modes de production et de consommation de protéines, à la fois animales et végétales, tout en recouvrant notre autonomie.

D'une part, il y a trop peu de productions de protéines végétales destinées à l'homme, d'autre part les États membres de l'Europe, depuis les accords de Blair House en 1992, sont dépendants d'importations de protéines fourragères provenant du continent américain, alors que l'on pourrait opter pour des productions fourragères adaptées à nos sols et notre climat, à la condition de réduire nos productions de protéines animales – et donc leur consommation – **car notre pays ne dispose pas, en l'état, des surfaces nécessaires aux productions fourragères équivalentes à ce que l'on importe en soja pour approvisionner les élevages intensifs.** Importations provenant notamment de l'Amazonie, ce qui a conduit notre président de la République à reconnaître que nous étions « complices » de sa déforestation et des incendies qui l'ont ravagée durant l'été 2019.

Ce n'est que le 1er décembre 2020 qu'est annoncée une affectation de 100 millions d'euros (prélevés sur le plan de relance post-Covid) pour augmenter de 40 % en 3 ans la surface des cultures de légumineuses, mais uniquement fourragères et sans remettre en cause les élevages intensifs. Cette mesure est très en deçà d'un véritable « Plan protéines », stratégique pour l'agriculture et l'alimentation, avec comme objectif de rééquilibrer les productions de protéines d'origines animale et végétale, afin de tendre à la fois vers l'autonomie fourragère et vers une production destinée à la consommation humaine.

Les multiples sources de protéines végétales

Trois familles de végétaux sont particulièrement riches en protéines : les céréales, les légumineuses, les fruits à coque[11] et graines oléagineuses. Les céréales sont aujourd'hui de loin la première source de protéines végétales dans l'alimentation de la majorité des Français, mais cet apport reste très insuffisant. Pour l'augmenter, il faut faire le choix des céréales complètes et accorder une place nettement plus importante aux deux autres sources : les légumineuses et les fruits à coque.

Apports nutritionnels moyens des trois principales sources de protéines végétales

Nutriments	Céréales	Légumineuses	Fruits à coque et graines oléagineuses
Protéines (moyenne)	11 %	23 %	21 %
Glucides (amidon)	70 %	58 %	8 %
Lipides (matières grasses)	2,6 % en grande majorité insaturés.	1,9 % (sauf pour le soja : 15 à 20 %), en grande majorité insaturés.	55 %, en grande majorité insaturés.
Fibres	10,5 %	17,5 %	9 %
Vitamines	Vitamines du groupe B (sauf B12) et vitamine E. Synthèse accrue lors de la germination : A, C, E, groupe B.		
Minéraux et oligoéléments (surtout dans les enveloppes)	Nombreux minéraux, notamment calcium, magnésium, phosphore, fer, potassium et oligoéléments (cuivre, zinc, manganèse, sélénium, etc.).		
Substances protectrices	Polyphénols et phytates.	Polyphénols, saponines et stéroïdes (soja).	Polyphénols (teneur très élevée).
Index glycémique	50 à 65 pour les céréales complètes, 70 pour les raffinées.	30 à 40	12 à 20

Contrairement à la plupart des publications traitant des protéines végétales, nous ne commencerons pas par les légumineuses, mais par les céréales, pour les raisons expliquées précédemment. Nous les classerons par ordre d'importance décroissante dans l'alimentation des Français.

11 Les « fruits à coque » sont la nouvelle appellation des « fruits secs oléagineux ».

Les céréales complètes

Les céréales ont été, de tout temps et sur toute la planète, la première source de protéines végétales. Elles le sont toujours, même chez nous, car elles restent consommées, mais hélas généralement raffinées (pâtes et pain).

Les céréales sont traditionnellement consommées soit en grains entiers (s'ils sont raffinés, ils sont « blanchis » : les riz blancs et notamment le riz dit « glacé », mais aussi l'orge « perlé »...), soit sous forme concassée (boulgour), soit sous forme de farines plus ou moins raffinées (pain, galettes, pâtisseries...), de semoules, de flocons ou encore germées.

Il existe de nombreuses variétés de céréales de par le monde ; nous en retiendrons onze principales aisément accessibles – surtout dans les circuits de distribution de produits bio et naturels – (amarante, avoine, blé, épeautre, maïs, millet, orge, quinoa, riz, sarrasin, seigle). La plupart sont pauvres en lysine, mais il existe plusieurs exceptions, de même que pour la présence ou non de gluten (voir tableau récapitulatif p. 43).

La plupart des céréales appartiennent à la grande famille botanique des Graminées. Quelques-unes (sarrasin, quinoa, amarante) appartiennent à d'autres familles botaniques. Les spécialistes les appellent parfois « pseudo-céréales ».

Teneur en protéines des céréales complètes (par teneurs décroissantes) et dérivés

Céréale	Teneur en protéines (g/100 g)	Apport de protéines par repas en g*
Avoine	16	13,2
Épeautre	15,6	12,5
Blé khorason (kamut)	14,5	11,6
Amarante	13,5	10,8
Quinoa	13,2	10,6
Sarrasin	12,9	10,3
Blé dur	12,5	10
Orge	12,5	10
Farine intégrale de blé tendre	12,2	9,8
Couscous	12,0	9,6
Pâtes de blé complètes ou semi-complètes	11,8	11,8
Blé tendre	11,5	9,2
Pain complet	10	8
Maïs	8,1	6,5
Riz	7,5	6

**en considérant que la quantité habituelle de céréales pour un repas est de 80 g pour les céréales en grains et de 100 g pour les pâtes ou pour les personnes dotées d'un solide appétit.*

Le blé et ses variantes (11 à 15 % de protéines)

*Le blé tendre (*Triticum vulgare*) (11 à 12 % de protéines)*

C'est avec ce blé que l'on fait le pain. Bien que sa consommation ait considérablement baissé depuis un siècle (140 g par jour contre 600 g), il reste souvent notre première source de protéines végétales. Préférez le manger complet ou semi-complet et enrichi en graines oléagineuses, ce qui augmente sa teneur en protéines et autres précieux nutriments. Pour les personnes sensibles au gluten sans être vraiment intolérants, choisissez un pain fait à partir de variétés anciennes que l'on trouve principalement chez les paysans boulangers.

On peut consommer le blé en grains, mais sa cuisson est très longue et ses qualités gastronomiques limitées.

Le blé tendre est principalement utilisé sous forme de farine, pour le pain mais aussi dans d'innombrables recettes. Pour certaines d'entre elles, on utilisera plutôt de la farine demi-complète ou bise. Les différents types de farine sont classés en fonction de leur degré de raffinage, allant de la farine intégrale (blé simplement moulu, sans aucun tamisage : T150), jusqu'à la farine la plus tamisée (T45), la plus pauvre en nutriments.

Les farines, de la plus complète à la plus raffinée

Nom	Type	Teneur en minéraux (en % de la matière sèche)	Quantité de farine obtenue (en % de la quantité de blé)
Farine intégrale (pain intégral)	T150	plus de 1,40 %	plus de 90 %
Farine complète (pain complet et pâtes complètes)	T110	1 à 1,20 %	85 à 90 %
Farine demi-complète ou bise (pain ou pâtes semi-complets)	T80	0,75 à 0,90 %	80 à 85 %
Farine bise pâtisserie	T65	0,60 à 0,75 %	75 à 80 %
Farine blanche (pain blanc)	T55	0,50 à 0,60 %	75 %
Farine blanche pâtisserie	T45	moins de 0,50 %	< 70 %

*Le blé dur (*Triticum durum*) (12 à 13 % de protéines)*

Cultivé surtout dans le bassin méditerranéen, dont le climat lui convient bien (mieux qu'au blé tendre), le blé dur est utilisé pour la fabrication des pâtes, du boulgour et du couscous. Ces aliments, originaires du sud de l'Europe (pâtes), du Maghreb (couscous) ou du Moyen-Orient (boulgour) sont de plus en plus populaires en France.

Une variante peu connue du blé dur est commercialisée en France sous le nom de « *frik* » ou « *freekeh* ». Il s'agit de blé vert, c'est-à-dire récolté avant maturité, puis légèrement grillé et concassé. C'est un produit proche du boulgour, moins riche en protéines mais également moins riche en gluten que le blé récolté à maturité. À découvrir !

Le blé khorasan ou kamut (14 à 15 % de protéines)

Cette variété de blé particulièrement intéressante, originaire du Moyen-Orient, est consommée surtout sous forme de pain.

La réhabilitation des variétés anciennes

Une étude intéressante (Wittaker, 2015) portant sur 22 patients souffrant de syndromes coronaires aigus a démontré qu'une consommation régulière de blé khorasan entraînait une diminution de la glycémie, de l'insuline, du cholestérol, des triglycérides et permettait une évolution favorable du profil inflammatoire et l'augmentation de la Capacité Antioxydante Totale (TAC). Une expérience qui met en évidence l'impact de la sélection des blés modernes, largement sous-estimé.

L'épeautre (14,5 % de protéines)

Ancêtre méditerranéen du blé, s'accommodant de climats secs et froids et de sols pauvres, même en montagne, l'épeautre a subsisté dans le centre de l'Europe et dans les Alpes du Sud, en France, sauvegardé grâce au bio, avec deux variétés commercialisées chez nous : le grand épeautre (*Titricum speltum*) et le petit épeautre (*Titricum monococcum*) qui est plus tendre, savoureux et digeste. Dans les Alpes du Sud, la soupe d'épeautre était souvent le plat du soir.

Tout comme l'avoine et l'orge, l'épeautre doit être décortiqué. Il est plus riche que le blé en protéines et en minéraux. Point très important : les intolérances au blé se développent en raison de la sélection des variétés, ce qui n'est pas le cas de l'épeautre, en général mieux toléré.

Le grand épeautre est surtout utilisé en farine pour le pain. Le petit épeautre se consomme en grains entiers ou concassés et en flocons, le plus souvent dans la soupe.

Le seitan

Cet aliment s'obtient à partir de farine de blé dur travaillée dans de l'eau froide, jusqu'à former une boule de pâte élastique concentrant le gluten. Cette pâte prête à l'emploi se cuit ensuite en tranches dans un bouillon aromatisé. Son aspect et ses multiples utilisations en font une véritable alternative à la viande ; à exclure de l'alimentation des personnes intolérantes au gluten.

Le riz (7,5 % de protéines)

Le riz est à l'Asie ce que le blé est à l'Occident : un pilier emblématique de l'alimentation, comportant près de 3 000 variétés. D'ailleurs, en vietnamien et en japonais, « manger » se dit « manger le riz ». Pratique à consommer en grains et productif, le riz est en fait cultivé et consommé dans tous les continents, depuis des siècles, là où coexistent chaleur et humidité. En France, il est cultivé en Camargue.

Pour une céréale, le riz est relativement pauvre en protéines, mais dépourvu de gluten. Aisément assimilable et digeste, il est classiquement recommandé pendant les périodes de convalescence (notamment en cas de troubles gastro-intestinaux) et pour mener des cures de monodiètes « dépuratives ».

Le raffinage du riz fut, bien malgré lui, à l'origine de la découverte de la première vitamine identifiée comme telle : la thiamine (vitamine B1), abondante dans les enveloppes des végétaux, particulièrement celles des céréales. Une carence en B1 provoque le béribéri, dont ont été victimes certaines populations du Sud-Est asiatique lorsque le raffinage du riz a déséquilibré leur alimentation, reposant jadis sur le riz complet. Cela n'a pas discrédité pour autant le raffinage, même dans ces pays !

Selon le traitement des enveloppes du grain, on distingue : le riz complet, le riz semi-complet et le riz blanc raffiné appauvri en nutriments (à déconseiller).

Selon les variétés et la forme des grains, on trouve le riz long (à la saveur relevée), le riz rond (plus doux), les riz aromatiques (thaï, basmati : le « prince des riz », originaire de l'Inde, à grain long, effilé, particulièrement riche en arômes, saveurs et nutriments), le riz glutineux à petits grains (très doux et collant à la cuisson, encore appelé « riz gluant », savoureux, convenant particulièrement aux recettes sucrées-salées et aux desserts).

On consomme le riz : en grains (cuisson à l'eau ou à la vapeur), en grains étuvés avant décorticage ou précuits (gain de temps de cuisson pour les riz non raffinés), en flocons (mueslis, soupes consistantes et onctueuses, gratins et terrines de légumes), en semoule et farine (galettes, nouilles et vermicelles chinois, feuilles de riz pour nems), en farine précuite (crème de riz pour bouillies ou pour épaissir potages et sauces), en lait (boissons ou desserts), en grains soufflés (galettes prêtes à la consommation). Très populaires dans les magasins bio, les galettes de riz soufflé sont peu nourrissantes et appauvries en nutriments. Elles ont un index glycémique très élevé.

Le riz sauvage (11 % de protéines)

Provenant d'Amérique du Nord, le riz sauvage est une Graminée qui pousse spontanément dans des zones marécageuses. Ses grains fins et allongés sont de couleur foncée : noirâtre aux nuances violacées.

Nettement plus riche que le riz en protéines et en lysine, le riz sauvage est plus rare, même s'il est cultivé (riz noir de Camargue), n'ayant de sauvage que le nom, et plus onéreux. En pratique, on l'utilise plutôt en appoint, en mélange avec du vrai riz (ou une autre céréale) pour relever les apports nutritionnels et orner le plat.

Le sarrasin (13 % de protéines)

Le sarrasin ou « blé noir » est qualifié par les botanistes de « pseudo-céréale », car il ne fait pas partie de la famille des Graminées (c'est une Polygonacée). Ses grains sont de couleur gris foncé, de forme pyramidale, entourés d'une coque dure qu'il faut décortiquer (graines mondées). C'est une plante au cycle végétatif rapide, peu exigeante, pouvant croître sur des sols pauvres et résister au froid, mais de faible rendement. Elle provient de l'Europe centrale et de l'Est où elle demeure très cultivée et consommée. Le sarrasin a longtemps été la céréale de base en Bretagne[12]. Elle y reste très cultivée et consommée sous la forme des incontournables galettes que l'on trouve dans toutes les crêperies.

Très nourrissante, cette céréale est l'une des plus riches en minéraux (surtout en magnésium) et en protéines, bien pourvue en lysine et sans gluten, avec une bonne teneur en fibres.

---

12 Stendhal, dans *Les mémoires d'un touriste*, 1838, parle d' « un village du Morbihan où tout le monde parle breton et vit de galettes de sarrasin ».

On consomme le sarrasin :

- en grains mondés (appelés *kasha* s'ils sont grillés) ;
- en boulgour : très pratique et digeste car précuit, se prêtant à de multiples préparations chaudes ou froides façon taboulé ;
- en flocons : en muesli, pour épaissir une soupe, incorporés dans une pâte à galettes ou une crème dessert ;
- en farine pour réaliser les galettes bretonnes, les blinis russes et les nouilles *soba* (pâtes à base de sarrasin, dont il existe deux types (soit 100 % sarrasin, soit 40 % seulement, plus agréables à consommer) ;
- en farine précuite : crème de sarrasin pour confectionner des bouillons onctueux et des sauces.

Le seigle (12 % de protéines)

Résistante au froid également, cette céréale, venue du nord et de l'est de l'Europe, fait équipe avec le blé depuis les champs (le « méteil » est une pratique traditionnelle de culture céréalière consistant à semer et récolter un mélange de blé et de seigle), jusqu'à la panification (pains dits « de seigle », réalisés le plus souvent avec un mélange de farine de blé et de seigle. Ils ont aussi une composition nutritionnelle comparable, le seigle étant cependant nettement plus riche en fibres (14 %).

On le consomme : en farine (pour la panification le plus souvent), en pain (au levain pour éviter qu'il ne soit trop compact, car le seigle lève moins bien que le blé du fait d'une moindre teneur en gluten), en pain d'épices, en flocons (en muesli ou pour épaissir un potage…).

Le quinoa (13,2 % de protéines)

Le « riz des Incas » est une Chénopodiacée (famille à larges feuilles, en général comestible, à laquelle appartiennent la betterave, la blette, l'épinard). C'est donc, comme le sarrasin, une « pseudo-céréale ». On le cultive depuis des millénaires sur les hauts plateaux de la cordillère des Andes, à 3 000 mètres et plus d'altitude (Bolivie, Pérou, Équateur). L'arrivée des conquistadors lui préférant le blé panifiable importé et les produits locaux (maïs et pomme de terre) a failli lui être fatale. Le quinoa doit en grande partie son renouveau récent au commerce équitable dont il est un des fleurons. Ce succès donne toutefois lieu à des cultures intensives dans l'Altiplano et ailleurs. S'il est maintenant cultivé en France, une grande partie reste importée d'Amérique du Sud.

Ses qualités nutritionnelles sont exceptionnelles pour un produit céréalier : riche en protéines bien équilibrées, en acides aminés essentiels (notamment en lysine), en lipides à dominante insaturés (6 %), comme l'avoine, en sels minéraux, vitamines et fibres, il est également sans gluten, comme l'amarante.

Ses grains sont de petite taille (comme ceux du millet), de couleur beige clair le plus souvent ou rouge, gonflant à la cuisson et devenant en partie translucides. Savoureux, le quinoa peut s'accommoder chaud ou froid, salé ou « sucré salé ».

On le consomme : en grains cuits à l'eau, en flocons (en muesli ou pour épaissir un potage, confectionner des gratins, tartes et cakes de légumes), en farine (à cuire ou en crème précuite prête à l'emploi pour l'onctuosité des potages et des sauces), en lait végétal (comme celui d'avoine).

Le millet (10 % de protéines)

Cette céréale provient d'Afrique (avec pour cousins majeurs le mil et le sorgho qui contribuent grandement à nourrir ce continent) et d'Asie (l'une des bases de l'alimentation des Hunzas célèbres pour leur longévité). Nos ancêtres les Gaulois et leurs voisins les Teutons l'appréciaient beaucoup sous forme de bouillie !

Curieux destin alimentaire que celui du millet, souvent réservé de nos jours à l'alimentation des serins en cage. Mais attention à ne pas leur voler leurs petites graines car, pour nous, le millet doit être décortiqué pour être consommable !

Savoureuse, digeste et facile à cuire, cette céréale se situe dans la moyenne nutritionnelle en termes d'apport de protéines. Elle est sans gluten, riche en lipides insaturés (4 %), en minéraux (silice, fer, magnésium, manganèse, fluor) et en vitamines (A, groupe B).

On la consomme : en grains (cuits à l'eau une vingtaine de minutes), en flocons (pour épaissir une soupe, confectionner des galettes végétales), en semoule (plats végétariens, délicieux en gratins), en crèmes et desserts.

L'avoine (16 % de protéines)

Céréale des climats froids et humides, pilier de l'alimentation traditionnelle du monde scandinave, réputée « échauffante » car très nourrissante et énergétique, l'avoine est en Europe la céréale la plus riche en lipides (7 %) et en protéines, avec de bonnes teneurs en minéraux et vitamines du groupe B. Elle est également riche en mucilages et fibres solubles.

Modes de consommation :

- en flocons : la spécialité de l'avoine ! Faciles à préparer et digestes. À consommer sous forme de mueslis, soupes, bouillies (porridge) et gâteaux ;
- en gruau (moins pratique que les flocons) : grains décortiqués entiers (à faire tremper avant cuisson) ou concassés et souvent précuits pour les soupes, bouillies, galettes ;
- en farine et en crème végétale : en petites quantités, en appoint dans la confection de bouillies ou de sauces.
- en lait végétal pour préparer sauces, gratins de légumes, crèmes et entremets ou en boisson aromatisée (chocolat, menthe, vanille...).

Le maïs (8 % de protéines)

Véritable plante divine pour les Amérindiens, le maïs a constitué la base de l'alimentation de tout le continent américain avant l'arrivée des Européens. Le maïs actuel est le résultat de sélections qui l'ont enrichi en sucres, mais appauvri en protéines (carences en lysine et tryptophane) et en vitamines (carence en vitamine PP favorisant la pellagre) ; sans gluten. Il est également pauvre en fibres.

Depuis une vingtaine d'années, les campagnes sont recouvertes de champs de maïs, non pas pour ses qualités nutritionnelles, devenues médiocres, ni pour la consommation humaine, mais pour un usage fourrager.

Quand cela est possible, il faut préférer de loin pour notre consommation des variétés rustiques locales (Italie du nord) et, en France, les maïs population du mouvement Semences paysannes qui œuvre pour la sauvegarde de la qualité et de la spécificité des variétés (Savoie, Occitanie).

On le consomme :

- en semoule : polenta ;
- en flocons : les « corn-flakes » contiennent, en plus du maïs, des quantités plus ou moins élevées de sucre et de sel ;
- en farine : crêpes et tortillas (petites galettes qui demeurent un aliment de base au Mexique et jouent le rôle du pain) ;
- en fécule : la Maïzena, marque déposée de fleur de farine, ne contient quasiment que de l'amidon et sert à lier sauces et pâtisseries ;
- en « légume » : les épis de maïs cueillis avant maturité, dits « maïs doux », sont toutefois très pauvres en protéines (environ 3 %).

L'orge (10 % de protéines)

C'est, avec le blé, l'une des premières céréales cultivées par l'homme à partir du berceau mésopotamien. Elle peut s'adapter à de grandes variations de climats et de sols. Bien que nourrissante et énergétique, c'est une céréale « rafraîchissante » à consommer plutôt l'été. Proche du blé de par ses teneurs en nutriments, elle est cependant plus riche en fibres solubles et mucilages, comme l'avoine, mais un peu moins riche en protéines. Elle doit être décortiquée : c'est l'orge mondé. Si les autres couches externes du grain, comestibles et riches en nutriments, sont enlevées également, on obtient de l'orge raffiné, qualifié de « perlé », appauvri en nutriments.

On le consomme : en grains mondés (cuit à l'eau), en grains concassés précuits (cuisson à l'eau en 10 minutes), en couscous d'orge, en flocons (en muesli, mélangé de préférence avec des flocons d'avoine et d'épeautre, ou pour épaissir un potage) ; en farine, bien qu'il soit peu panifiable (c'est tout de même lui qui a permis la multiplication biblique des pains), plutôt en appoint des farines de blé et de seigle.

L'amarante (13,5 % de protéines)

C'est l'une des trois céréales de base de l'alimentation des Amérindiens (avec le quinoa et le maïs), qu'ils associent avec des haricots secs. Tout comme le quinoa, l'amarante compte parmi les céréales les plus riches en protéines (13 à 14 %). Elle est également bien pourvue en lysine, sans gluten et parmi les plus riches en minéraux, vitamines et fibres.

On la consomme : en grains (cuits à l'eau après trempage, dans les soupes et les bouillies) ; en farine (crêpes, galettes, gaufres) ; en barres énergétiques (dans la composition desquelles elle rentre souvent) ; en légume (ses larges feuilles se consomment aussi comme des épinards).

Présence ou non de lysine et de gluten dans les céréales

Bien pourvues en lysine	Pauvres en lysine	Avec gluten	Sans gluten*
Amarante Quinoa Sarrasin Riz sauvage	Avoine Blé Épeautre Maïs Millet Orge Riz Seigle	Blé Seigle Orge Épeautre Avoine	Amarante Maïs Millet Quinoa Riz Riz sauvage Sarrasin

* Les intolérants au gluten ont le choix car, en plus des céréales listées dans le tableau ci-dessus, les légumineuses et fruits à coque en sont aussi dépourvus.

Les légumineuses

Les légumineuses, dont font partie nos légumes secs, sont des végétaux à fruits secs déhiscents : une fleur (dont les pétales rappellent les ailes de papillon, expliquant l'ancienne dénomination « Papilionacées ») donne naissance à un fruit en forme de gousse, s'ouvrant à maturité en deux valves portant chacune plusieurs graines. Chaque graine est recouverte d'une peau (selon les variétés, il faut l'enlever avant consommation, car concentrée en produits indigestes). De par le monde, il existe environ 80 espèces comestibles, qui ont toujours fait partie des traditions culinaires. À part le soja, pourvu de tous les acides aminés essentiels, elles manquent de méthionine.

Celles qui sont actuellement consommées en France se limitent à six espèces (fèves, haricots, lentilles, pois chiches, pois cassés, soja) que l'on consomme le plus souvent en grains, à l'exception du soja. Certaines sont également conditionnées en flocons et farines comme les céréales. Le soja est le seul à pouvoir se prêter à d'autres préparations. Il existe également trois espèces dont on ne consomme que le germe ou la jeune pousse : luzerne, fenugrec et soja vert ou haricot mungo.

Bien qu'étant des légumineuses sur le plan botanique, les haricots verts et petits pois frais ont une composition qui les apparente aux légumes. L'arachide est aussi une autre légumineuse riche en protéines, mais classée dans les fruits à coque en raison de sa forte teneur en lipides.

Les légumineuses ont une relation remarquable avec l'azote. Si, de tous les aliments, ce sont les plus riches en protéines, c'est parce qu'elles ont la capacité exceptionnelle dans le monde végétal d'utiliser l'azote de l'air, non seulement pour leur propre croissance, mais aussi pour le restituer en partie au sol et ainsi contribuer à le fertiliser, grâce à une symbiose avec des bactéries se situant dans les nodosités de leurs racines.

Apport de protéines par les légumineuses (par teneurs décroissantes)

Légumineuse ou produit dérivé	Teneur en protéines (g/100 g)	Apport de protéines par repas en g*
Soja	35	17,5
Lentilles corail	28	14
Fèves sèches	26	13
Lentilles vertes	25	12,5
Haricots mungo	24	12
Haricots secs	24	11,5
Pois cassés	23	11,5
Farine de pois chiche**	22	11
Pois chiches**	21	10,5
Tempeh	20	10
Tofu	10	10 (pour une consommation de 100 g)

** Sur la base d'une consommation moyenne de 50 g par repas.*

*** La farine de pois chiche est un peu plus riche que les pois chiches en grains, car elle contient un peu moins d'eau.*

Le haricot (24 % de protéines)

Les différentes variétés de haricot font partie des traditions alimentaires du continent américain. L'association emblématique des tortillas de maïs avec des haricots rouges demeure d'ailleurs une base de l'alimentation de l'Amérique latine. Haricot et maïs furent introduits en Europe par les conquistadores. Ces nombreuses variétés de haricot, cultivées et consommées dans tous les continents, ont une teneur en protéines variant de 18 à 25 %.

Le haricot se distingue dans la famille des Légumineuses par sa richesse en fibres (il détient le record toutes catégories avec une moyenne de 25 %), en coloris (blanc nacré, blanc marbré ou tacheté de multiples nuances, vert clair, mauve, rouge-brun, noir) et en possibilités culinaires. Il peut incommoder par la production de gaz intestinaux, ce que le trempage prolongé limite, voire évite totalement, tout comme l'élimination de la peau des variétés à peaux épaisses (qui se détache facilement après trempage), ainsi qu'une cuisson mijotée à l'eau avec de la sarriette, de la sauge ou un morceau d'algue kombu.

Il existe de par le monde de nombreuses légumineuses apparentées aux haricots. Certaines sont couramment consommées en France, notamment les azukis et les doliques. Les azukis, à petits grains brun-rouge, originaires du Japon, sont savoureux, digestes, faciles à cuire (trempage facultatif). On en fait de délicieux desserts.

On le consomme :

- en grains frais (variétés à écosser) récoltés largement avant maturité. Cuisson sans trempage préalable, plus rapide que les haricots secs, mais teneur en protéines deux fois plus faible ;
- en grains secs : après 12 heures de trempage, cuisson mijotée à couvert durant 2 heures à feu très doux. Une exception : le flageolet, cueilli légèrement avant maturité, est de ce fait un peu moins riche en protéines que les haricots cueillis à maturité complète ;
- en flocons pour les azukis.

La lentille (25 % de protéines)

Petite graine aux coloris variés : verte (nuances plus ou moins foncées), blonde, rose, corail, brune, brun rougeâtre, la lentille est pratique (cuisson assez rapide, surtout les variétés blondes et corail, sans prétrempage nécessaire), savoureuse et digeste (peau fine bien tolérée). C'est aussi la légumineuse la plus riche (à part le soja) en protéines, en fer et vitamines du groupe B. Elle a toujours été appréciée en Europe, au Moyen-Orient et en Inde (où elle constitue, en association avec le riz, le plat nourricier traditionnel) et a gagné tous les continents.

Certaines variétés en France ont gagné en notoriété : la lentille verte du Puy (AOC), le lentillon de Champagne et la lentille de Cilaos à la Réunion.

On la consomme : en grains entiers, en grains décortiqués et fragmentés (lentilles corail), en grains concassés (semoule de lentille corail, farines de lentilles), en grains germés (consommés crus, les germes agrémentent de savoureuses salades), en flocons (pour confectionner des soupes nutritives, galettes et gratins de légumes).

Le pois sec (pois cassé) (23 % de protéines)

Le pois se cultive partout en zones tempérées et se consomme sec depuis fort longtemps, en soupe ou purée, particulièrement en Europe. Toutefois, seules les variétés de légumes de pois frais cueillis avant maturité, dits « petit pois », et le bien nommé pois mange-tout, encore appelé « pois gourmand », consommés avec la cosse, ont survécu dans notre alimentation courante, surtout le petit pois en conserve, dont le goût n'a rien à voir avec le délicieux petit pois fraîchement écossé !

Le pois mature sec se trouve aisément en bio sous forme de pois cassé débarrassé de sa peau. Il est digeste, bien toléré et ne nécessite pas de trempage comme la lentille.

On le consomme :

- en petits pois frais à écosser et pois gourmands à équeuter (consommer l'ensemble de la gousse). Sous ces formes, c'est le légume le plus riche en protéines (6 %), néanmoins beaucoup moins riche que le pois sec.
- en pois secs (23 % de protéines) : pois cassés décortiqués utilisés en soupe ou en purée onctueuses. Une heure de cuisson sans trempage, voire plus pour que leur texture se défasse et qu'il soit plus facile de les écraser ou les mixer.
- en flocons : pour épaissir une soupe, en galettes ou en gratins.

Le pois chiche (21 % de protéines)

Le pois chiche est la légumineuse emblématique du bassin méditerranéen. Compagnon indispensable du couscous, il peut tout à fait s'associer à d'autres céréales pour constituer des plats équilibrés en protéines et se prêter à diverses préparations.

Sa composition nutritionnelle est variée et de qualité : 21 % de protéines, 5 % de lipides en partie insaturés, fibres solubles régulatrices des métabolismes des sucres et des graisses, vitamines et minéraux. Très digeste, sous réserve d'un trempage et d'une cuisson prolongés.

On le consomme : en pois entiers, en purée (houmous), en flocons (soupes complètes et galettes végétales), en farine et semoule (crêpes, panisses, socca, desserts).

La fève (26 % de protéines)

Originaire du bassin méditerranéen, la fève a constitué une base importante de l'alimentation en Europe et en Asie. Elle demeure courante au Moyen-Orient, consommée avec du boulgour. La peau épaisse qui l'entoure doit être enlevée, qu'elle soit fraîche ou sèche.

On la consomme : en grains frais, cuits ou crus (sans peau, savoureux et faciles à digérer), en grains secs entiers ou concassés (en réalité très peu consommés en France).

Le soja (35 % de protéines)

Le soja est la principale légumineuse du Sud-Est asiatique, où il constituait, avec le riz, la base de l'alimentation humaine avant que les modes de consommation occidentaux ne s'imposent. À l'inverse, les productions fourragères de soja sont devenues hégémoniques en raison de sa richesse sans pareille en protéines, mais ainsi destinées à la production de protéines animales !

Les ressources nutritionnelles du soja sont en effet remarquables. C'est un des rares aliments qui soit réellement complet, intégral, c'est-à-dire qui apporte tous les nutriments. Ses teneurs en protéines (30 à 40 %, comportant tous les acides aminés essentiels) et en lipides (20 %, riches en acides gras insaturés et en lécithines) sont exceptionnelles. Le soja a également une bonne teneur en fibres, vitamines, minéraux variés et en composés bioactifs.

Parmi ces derniers, figurent des phyto-œstrogènes qui suscitent critiques et réserves, car ils pourraient perturber l'équilibre hormonal, notamment pendant la grossesse. En Asie, le soja est pourtant consommé depuis des millénaires sans qu'on ait observé d'effets délétères. Par ailleurs, plusieurs études épidémiologiques ont conclu à un effet protecteur du soja vis-à-vis des cancers hormonodépendants (sein et prostate). Par prudence, il est conseillé à la femme enceinte et aux enfants de moins de 2 ans de ne pas consommer de soja, même si nombre d'enfants en bas âge, en proie à de graves intolérances au lait de vache, ont pu bénéficier à tout point de vue de la substitution par le lait de soja.

Cueilli à maturité, le soja n'est presque jamais consommé sous forme de grains entiers, comme la plupart des légumineuses. Même cuit plusieurs heures, il reste dur et indigeste. Dans les pays asiatiques, il est toujours consommé transformé, sous formes non fermentées (tofu) et souvent fermentées (tempeh, miso, tamari, soyu, natto, tofu fermenté). On trouve toutefois du soja en grains, mais cueillis avant maturité en gousse : les edamame, l'équivalent de nos haricots à écosser qui cependant ne contiennent que 11 % de protéines.

En Europe, les modes de consommation sont nombreux :

Les préparations traditionnelles :

- **le tofu :** « lait » de soja caillé (ou fromage blanc de soja en quelque sorte), avec une variante : le tofu soyeux. On le trouve également lactofermenté, ce qui en fait une source intéressante de bactéries lactiques ;
- **le tamari et le soyou :** deux sauces soja longuement fermentées ;
- **le miso :** proche des sauces soja, mais sous forme de pâte ;
- **le tempeh :** obtenu par fermentation brève (1 à 2 jours) de grains de soja préalablement dépelliculés et cuits ;
- **le natto :** autre produit fermenté à partir de grains de soja entiers, que l'on ne trouve que dans les boutiques japonaises.

Les préparations modernes :

- les **boissons (laits), yaourts, crèmes, préparations à tartiner** (souvent lactofermentées) et **desserts divers** au soja ;
- les très nombreux **produits végétariens** à base de farine de soja cherchant souvent à imiter la viande : « saucisses », « steaks », galettes au soja et autres.
- les protéines déshydratées, particulièrement intéressantes pour les personnes dénutries.

Quelques autres légumineuses

Le soja vert (ou haricot mungo)

Bien qu'elle soit nommée « soja vert » et utilisée pour la production des « germes de soja », cette variété de haricot à grain vert n'est pas une variété de soja.

On consomme donc le haricot mungo en germes, riches en vitamines et oligoéléments lorsqu'ils sont frais (en salade avec d'autres crudités) ou en grains cuits prétrempés, comme les autres variétés de haricots.

La luzerne (ou alfalfa)

La luzerne compte parmi les plantes fourragères les plus cultivées. On peut également la consommer sous forme de graines germées dès lors que leur pousse atteint 3 à 4 cm (contrairement aux autres graines à germer consommables à partir du centimètre). Elle est ainsi très riche en vitamines et enzymes et se sert en salade avec d'autres crudités.

Le lupin

Tout comme la luzerne, cette légumineuse peut être destinée à la production fourragère comme à l'alimentation humaine. Consommé depuis l'Antiquité, puis tombé en désuétude, le lupin est très proche du soja par ses qualités nutritionnelles, notamment avec sa haute teneur en protéines (40 %).

Le fenugrec

Cette légumineuse alimentaire peut se consommer sous forme germée, riche en protéines, condimentaire (aromatique) et médicinale (tonique).

Les fruits à coque[13] et les graines oléagineuses

Cette famille (noix, noisette, amande et autres) est une source de protéines végétales méconnue. Pourtant, certains fruits à coque contiennent autant de protéines que la plupart des légumineuses. Leur intérêt nutritionnel, confirmé par de nombreuses études scientifiques récentes[14], est également exceptionnel. Ce sont en effet des aliments complets avec des teneurs moyennes de 55 % en lipides à dominante insaturée, de 20 % en protéines (comportant la plupart des acides aminés essentiels), de 18 % en amidon et de 8 % en fibres solubles et insolubles. Ils sont également riches en minéraux et oligoéléments (surtout magnésium, potassium, calcium, phosphore, fer) et en vitamines (principalement du groupe B et vitamine E). Leur consommation est aujourd'hui très faible[15] (moins de 5 g par personne et par jour) alors qu'elle devrait être de 30 à 50 g.

Teneurs en protéines des fruits à coque et graines oléagineuses

Fruits à coque ou graines oléagineuses	Teneur en protéines (g/100 g)
Graines de chanvre	31
Graines de courge	30
Arachides (cacahuètes)	25
Pistaches	22
Amandes	21
Moyenne des graines oléagineuses (sésame, courge, tournesol, lin)	21
Pignons	20
Purée de sésame (tahin)	18
Noix de cajou	18
Noix du Brésil	17
Noix	16
Noisettes	16
Noix de pécan	11
Noix de macadamia	9

13 Ou fruits secs oléagineux.

14 À lire : Claude Aubert et Geneviève Maubon, *Amandes, noix, graines & Cie*, Terre vivante, 2020.

15 Signalons que les fruits oléagineux les plus consommés ne sont pas à coque mais aqueux : l'avocat et l'olive, composés de 70 % d'eau, 20 % de lipides et pauvres en protéines (2 %).

L'amande (21 % de protéines)

Fruit à coque typiquement méditerranéen (bien qu'aujourd'hui 80 % de la production mondiale provienne de Californie), l'amande contient autant de protéines que la plupart des légumineuses et la viande. Elle est également riche en de nombreux autres nutriments utiles : minéraux, vitamines, fibres (14 %), matières grasses insaturées (55 %), polyphénols.

On la consomme : entière (avec ou sans la peau – mondée –, éventuellement grillée), effilée, en poudre, en purée (délicieuse en remplacement du beurre sur les tartines et bien meilleure pour la santé), en lait (en remplacement du lait de vache ou en boisson souvent aromatisée) et comme ingrédient de base de nombreuses friandises (massepain ou touron espagnol).

La noix (16 % de protéines)

Fruit à coque incontournable, moins riche en protéines que l'amande, mais tout aussi fourni en nutriments variés, y compris en oméga-3, la noix est cultivée dans toute l'Europe et en France, plus particulièrement dans la région grenobloise et dans le Périgord. On la consomme nature, en cerneaux concassés, dans de très nombreuses recettes.

La noisette (16 % de protéines)

La noisette et la noix sont les seuls fruits à coque que l'on peut cultiver partout en France. Le noisetier est facile à cultiver, même dans un jardin, très utile dans les haies diversifiées, dont le rôle écologique est essentiel. Sur le plan nutritionnel, la noisette est très proche de la noix, avec un peu plus de fibres et des acides gras principalement mono-insaturés, alors que ceux de la noix sont en grande partie polyinsaturés. À l'inverse de cette dernière, elle ne contient pas d'oméga-3. La noisette s'utilise entière ou sous forme de poudre et de purée, une bonne alternative au beurre, comme la purée d'amande.

La noix de cajou (18 % de protéines)

Ce fruit à coque a acquis une grande popularité en raison de sa saveur particulière et de ses possibilités culinaires. Elle constitue une curiosité botanique puisque, contrairement aux autres fruits, elle n'est pas à l'intérieur de la partie charnue, mais accrochée à l'extrémité de cette dernière. Fruit de l'anacardier, elle est originaire du Brésil, toutefois l'Inde en est le principal pays producteur aujourd'hui. La noix de cajou est l'un des fruits à coque bien dotés en protéines, mais moins riche en matières grasses et pauvre en fibres (6 %).

Le pignon (20 % de protéines)

Graine du pin parasol, le pignon est un des fruits à coque les plus fins, tant par ses dimensions que sa saveur. C'est aussi l'un des plus riches en fibres, en fer et en zinc. Sa teneur en matières grasses (65 %) est élevée. Il contient de petites quantités d'oméga-3. Consommé dès l'Antiquité, on lui attribuait des vertus aphrodisiaques. En Tunisie, on met souvent quelques pignons dans les tasses de thé à la menthe. Compte tenu de son prix élevé, le pignon n'est utilisé que dans peu de préparations et en petites quantités, ce qui ne l'empêche pas de leur donner un supplément de saveur. On trouve aussi des pignons de cèdre, très proches du pignon de pin et un peu moins chers.

La pistache (22 % de protéines)

Fruit du pistachier, arbuste originaire du Moyen-Orient craignant le gel et cultivé en France dans le Midi, la pistache est riche en protéines (22 %), en fibres (8 %) et relativement peu grasse (46 %). Elle est donc particulièrement intéressante sur le plan nutritionnel. On la consomme entière, souvent non décortiquée, grillée et salée à l'heure de l'apéritif. On l'utilise aussi dans les pâtisseries, nature et décortiquée, auquel cas elle est coûteuse. On la trouve encore sous forme de purée, mais attention, la crème de pistache proposée par certains fabricants renferme plus de sucre que de pistaches.

Les noix de macadamia, de pécan et du Brésil (9 à 17 % de protéines)

Nous avons regroupé ces trois noix car elles ont plusieurs points communs : provenance lointaine, teneur élevée en matières grasses (68 % pour la noix du Brésil et 73 % pour les deux autres), assez faible teneur en protéines. Pour ces raisons, auxquelles s'ajoutent des prix élevés, elles ne sont pas prioritaires, mais n'en sont pas moins intéressantes pour varier de temps à autre. La noix du Brésil présente une particularité intéressante : elle est très riche en sélénium, un élément dont la consommation est souvent insuffisante dans notre alimentation.

L'arachide (25 % de protéines)

L'arachide, plus connue sous le nom de « cacahuète », est le seul fruit à coque qui pousse sous terre et qui appartienne à la famille des Légumineuses. Originaire d'Amérique du Sud, elle a été apportée en Europe au XVIIIe siècle par les Portugais, qui l'ont introduite en Afrique au moment de la colonisation. Dans plusieurs pays africains, elle est, avec le coton, la principale culture de rente. Elle a également été

introduite en Amérique du Nord par les esclaves venus d'Afrique et y est devenue extrêmement populaire. L'huile d'arachide est une des huiles les plus économiques et les plus consommées au monde.

La valeur nutritive de l'arachide est proche de celle des autres fruits à coque. Sa teneur en protéines est plus élevée que celle de l'amande. Sa teneur en matières grasses (45 %), principalement mono-insaturées, la classe parmi les fruits à coque les moins gras.

L'arachide est le fruit à coque qui pose le plus de problèmes d'allergie. En cas de doute, il faut d'abord l'éliminer ainsi que tous les aliments en contenant, voir si les symptômes disparaissent, et éventuellement consulter un allergologue. Excepté les cas d'intolérances, peu nombreux en France, l'arachide est donc un aliment intéressant, à consommer autrement que sous forme de cacahuètes grillées et salées pour l'apéritif, qui contribuent à l'excès de sel dans notre alimentation. Le beurre d'arachide est une très bonne pâte à tartiner et les cacahuètes non salées peuvent être incorporées dans de nombreux plats. Son dernier avantage est d'être peu coûteuse.

Enfin, signalons que la **noix de coco**, fruit également à coque, riche en acides gras saturés, apporte des protéines : à l'état frais (4 %), séchée et râpée (6,4 %), en lait (2 %).

Les graines oléagineuses

Plusieurs graines oléagineuses sont disponibles en France : les graines **de lin, de courge, de sésame, de tournesol, de chanvre** et **de chia**. Elles contiennent toutes entre 17 et 21 % de protéines, sauf celles de courge et de chia qui en renferment respectivement 30 et 31 %. Ce sont donc d'excellentes sources de protéines végétales, bien qu'elles soient consommées en faibles quantités.

Les graines de **lin**, de **courge** et de **tournesol** sont incorporées à toutes sortes de pains, dits « pains aux graines ». On les ajoute aussi aux salades et à de nombreuses préparations culinaires

La graine de **sésame** est un aliment intégral riche en lipides insaturés (60 %) et en protéines (20 %) contenant tous les acides aminés essentiels. C'est celle que l'on consomme le plus sous forme de *gomasio*, excellent condiment remplaçant très avantageusement le sel de table (constitué d'un mélange d'une part de sel marin non raffiné et de neuf parts de graines de sésame légèrement grillées puis écrasées), et de purée, le *tahin*, l'un des ingrédients du houmous, à tartiner ou à délayer dans des sauces.

La graine de **chia** a été récemment redécouverte. Très consommée par les Aztèques, elle est très riche en de nombreux nutriments.

La graine de **chanvre**, quant à elle, a été popularisée par l'engouement pour cette plante, certes sous forme de cannabis, mais aussi pour de multiples autres usages, plus recommandables, notamment comme isolant et fibre textile. Outre sa teneur très élevée en protéines, elle est riche en oméga-3.

Les sources complémentaires

La levure alimentaire

La levure alimentaire est, après la spiruline, l'aliment le plus riche en protéines (40 à 50 %) comprenant tous les acides aminés essentiels, dont la lysine, complétant ainsi les céréales. Elle est également riche en vitamines du groupe B, sels minéraux et oligoéléments. On l'utilise surtout comme complément alimentaire sous forme de paillettes brunes odorantes incorporées à des assaisonnements, sauces ou soupes, mais aussi saupoudrées sur un plat de céréales, de légumineuses ou des crudités. Elle se marie également bien avec un œuf au plat, certaines viandes et poissons.

Certains légumes, sauvages ou cultivés

On cite rarement les légumes comme sources de protéines, car la plupart en renferment très peu. Mais on oublie que, dans une alimentation saine, on consomme davantage de légumes que d'autres sources de protéines. Une ration de légumes est d'environ 200 g contre 90 à 100 g pour les céréales et 50 à 60 g pour la plupart des légumineuses. Le petit pois, légume le plus riche en protéines, en contient 6 %. Une portion en apporte donc 12 g et peut rivaliser avec une portion habituelle de céréales ou de légumineuses. Les plantes sauvages comestibles sont plus riches en protéines que la plupart des légumes cultivés. Leur contribution à l'apport protéique reste cependant limitée, à moins d'avoir le temps et l'opportunité d'en cueillir une belle quantité.

Apport en protéines des légumes les plus riches en ces constituants

Légume	Teneur en protéines (g/100 g)	Apport d'une portion (200 g pour les légumes- feuilles et 150 g pour les petits pois)
Ortie	8	16 g
Mauve	7,2	14,4 g
Égopode	6,7	13,4 g
Petit pois	6	9 g
Chénopode bon-Henri	5,3	10,6 g
Chénopode blanc	4,3	8,6 g
Chou frisé (kale)	4,3	8,6 g
Chou de Bruxelles	4	8 g
Brocoli	4	8 g

Les pommes de terre contiennent peu de protéines (2,5 %), cependant, sachant qu'une portion moyenne équivaut à 250 g (principale source de glucides), l'apport de protéines est de 6 g, ce qui est loin d'être négligeable. Il est néanmoins difficile d'arriver à un apport suffisant sans protéines animales.

Les algues

Traditionnellement consommées en Asie pour leurs saveurs raffinées et parce que ce sont des aliments intégraux, les algues demeurent très marginales en France bien qu'elles aient le vent en poupe grâce aux sushis (algue nori) et dans certains réseaux bio, utilisées surtout comme condiments. Si leurs teneurs en protéines, rapportées à la matière sèche, peuvent impressionner, (surtout celle de la **spiruline** avec ses 60 à 70 %), ces teneurs sont nettement moindres quand les algues sont fraîches. Elles sont alors proches de celles des légumes (1 à 6 %). En revanche, leur grand intérêt nutritionnel tient à leur richesse en fibres solubles et micronutriments protecteurs antioxydants, en minéraux, en oligoéléments marins, dont l'iode et le sélénium, et en vitamines variées : A, C, K et vitamines du groupe B, dont la B12 (dans l'algue nori), absente du règne végétal.

Les algues les plus consommées en France sont la **nori**, le **wakamé** et le **kombu** (qui permet de réduire la durée de cuisson des légumineuses). Il existe aussi un mélange **« salade du pêcheur »** en sachet, très pratique, composé de plusieurs algues séchées en paillettes, à saupoudrer sur les aliments ou à incorporer dans les assaisonnements. Les algues les plus courantes dans le commerce sont la laitue de mer (ulve) et les cheveux de mer (aonori) pour les **algues vertes**, la kombu, le wakamé et le haricot ou spaghetti de mer pour les **algues brunes**, la nori, la dulse et les carragaheen et agar-agar aux mucilages gélifiants pour les **algues rouges**.

Les sources de protéines végétales sont donc nombreuses. Ceux qui veulent supprimer totalement les protéines animales (végétaliens et végans) de leur alimentation doivent être attentifs à la composition de leurs repas s'ils veulent avoir suffisamment de ces indispensables constituants.

Des repas équilibrés avec des protéines végétales

L'équilibre alimentaire est conditionné par la variété et la complémentarité des apports et par le maintien des constantes biologiques de notre milieu intérieur (homéostasie), particulièrement l'équilibre acido-basique, très sensible à la nature des nutriments.

Les apports en protéines végétales, avec des menus cohérents, sont un atout majeur pour y parvenir, selon trois modalités : des menus mixtes, associant grosso modo à parts égales protéines animales et végétales, des menus végétariens où les protéines animales sont limitées aux œufs et produits laitiers, des menus végétaliens sans apport de protéines animales, sous réserve de respecter la complémentarité assurée par l'association d'une céréale avec une légumineuse.

La triade alimentaire® et les quatre grandes familles de repas

L'agencement des aliments selon les fondamentaux de l'équilibre alimentaire s'opère en fonction de trois pôles complémentaires : protéique, calorique et réactif-régulateur, que nous dénommons « Triade Alimentaire® », fil directeur qui permet de composer des repas variés, savoureux et peu onéreux.

Cette schématisation permet de repérer la prédominance de chaque type de nutriments et aliments dans les trois pôles. Il s'agit là de données dominantes, sachant que les aliments sont composites. Ainsi, les fruits et légumes, riches en catalyseurs et composés protecteurs, sont rattachés au pôle réactif-régulateur, tout en sachant qu'ils contiennent aussi des sucres simples du pôle calorique. Surtout, on voit apparaître à nouveau la place fondamentale occupée par les légumineuses et les céréales complètes, qui interviennent dans les trois pôles.

Le pôle protéique

Le pôle protéique doit être constitué en majorité de protéines végétales, les protéines animales ne constituant qu'un complément (selon un rapport d'environ deux tiers pour un tiers). Toutefois, il n'est pas nécessaire d'avoir cet équilibre pour chaque repas, mais de le trouver sur la journée, voire la semaine, en fonction des complémentarités et des équivalences décrites précédemment.

La triade alimentaire

PÔLE PROTÉIQUE

(Acides aminés essentiels, protéines.)

- Viandes.
- Poissons.
- Œufs.
- Laitages.
- Légumineuses.
- Céréales complètes.
- Fruits à coque.

PÔLE CALORIQUE

- Glucides complexes : céréales, légumineuses, fruits à coque, tubercules.
- Glucides simples : sucres raffinés industriels, sucre des fruits et légumes, miel, aliments sucrés.
- Matières grasses saturées et insaturées.

PÔLE RÉACTIF-RÉGULATEUR

(Vitamines et minéraux, catalyseurs, fibres, composés protecteurs.)

- Céréales complètes, légumineuses.
- Fruits, légumes.
- Graines germées.
- Aliments lactofermentés.

MILIEU INTÉRIEUR / ÉQUILIBRE ACIDO-BASIQUE

- Eau de source.
- Alimentation végétarienne.

Le pôle calorique

Ce pôle est constitué principalement de glucides et secondairement de lipides (matières grasses). Il importe que l'apport principal de glucides provienne de l'amidon des **produits céréaliers peu raffinés**, complétés par des **légumineuses**, en raison de leur richesse nutritionnelle en fibres, micronutriments et protéines, et de leur faible index glycémique.

Les produits céréaliers raffinés et les tubercules (pomme de terre, patate douce), plus denses en amidon, doivent être consommés moins fréquemment en raison de leur faible teneur en protéines, qui oblige en général à compléter avec des protéines animales, et de leur index glycémique élevé.

Les sucres simples des fruits et légumes et du sucre de canne complet interviennent en complément sur le plan calorique.

Les matières grasses peuvent être à la fois d'origine animale (à dominante saturée, à l'exception majeure des poissons riches en oméga-3 protecteurs) et d'origine végétale : insistons sur les huiles de première pression à froid, riches en acides gras insaturés, très utiles aussi par leur caractère protecteur.

L'huile d'olive, riche en acide oléique oméga-9 mono-insaturé, doit être la base des apports en lipides, car sa composition est conforme à notre physiologie. Les huiles de colza, de noix et de lin sont riches en oméga-3 et les autres (tournesol, courge, noisette…) en oméga-6. On veillera à respecter la proportion de 5/1 entre les acides gras oméga-3 et oméga-6 (rappelons que l'excès d'apports de ces derniers favorise les processus inflammatoires). La délicieuse huile de noix est bien équilibrée entre oméga-3 et 6. Il existe aussi des mélanges d'huiles de première pression à froid bio pour assaisonnements, très pratiques, dont la composition est équilibrée entre acides gras mono-insaturés et polyinsaturés, avec un bon rapport oméga-3/oméga-6 (indiqué par l'étiquetage). Attention, ces huiles riches en acides gras insaturés sont fragiles : conservez-les à l'abri de l'air, de la lumière et au frais pour éviter leur rancissement. Réservez-les pour les assaisonnements ; seules les huiles de première pression à froid d'olive et d'arachide ont une bonne tenue à la chaleur et peuvent être utilisées pour la cuisson, à condition que le corps gras ne soit pas en surchauffe et ne fume pas, sinon se produisent des modifications des corps gras potentiellement athérogènes[16] et cancérigènes.

16 Favorisant la formation de plaques de lipides qui se fixent sur les artères.

Le pôle réactif-régulateur

Ce dernier pôle est essentiellement constitué par les micronutriments catalytiques (vitamines et oligoéléments, enzymes), les fibres alimentaires et les composants protecteurs végétaux dits « bioactifs ». Tous ces éléments se trouvent principalement dans les légumes, les fruits, les graines germées et les produits lactofermentés, mais aussi dans les produits céréaliers non raffinés et les légumineuses.

Ce pôle revêt une grande importance : s'il ne contribue pas à l'apport de protéines et de calories au sens nutritionnel classique, il est néanmoins indispensable pour nos capacités réactionnelles énergétiques conditionnant et participant aux réactions biochimiques qui sous-tendent la vie[17] (ce sont les oligoéléments et vitamines qui ont notamment un rôle de coenzymes) et pour réguler les fonctions métaboliques et immunitaires (importance des fibres qui accompagnent les protéines végétales).

Le milieu intérieur aqueux – rappelons que l'eau constitue environ 60 % du poids de notre corps – doit être renouvelé par des apports hydriques, avec une eau de boisson d'une qualité « eau de source », donc peu minéralisée (moins de 300 mg/l de minéraux), de manière à remplir au mieux son rôle épurateur des déchets métaboliques par effet osmotique. Il est bien de boire en moyenne 1,5 l/j, plutôt à distance des repas. Cela est important aussi pour le maintien de l'équilibre acido-basique. Remarque : nous avons besoin en moyenne de 2,5 l/j d'apports hydriques pour compenser les pertes, sachant que les aliments apportent environ 1 l d'eau par eux-mêmes.

Veiller à l'équilibre acido-basique

Le bon déroulement des processus vitaux nécessite un équilibre acido-basique stable du sang et des tissus, et il importe de tenir compte de l'impact de l'alimentation sur ce milieu intérieur.

Le pH de notre sang – qui mesure son degré d'acidité – est légèrement alcalin et doit rester stable, autour de 7,40. Toute variation importante et durable du pH sanguin est incompatible avec la vie et une légère acidification (pH légèrement inférieur à 7,40) de l'organisme favorise déjà des problèmes de santé. Cette tendance à l'acidification est favorisée par un mode de vie stressant et polluant

---

17 Veiller à bien approvisionner ce pôle, c'est littéralement « nourrir la vie ».
Lylian Le Goff, *Nourrir la vie : encyclopédie de l'alimentation biologique et de l'équilibre nutritionnel*, Roger Jollois, 1997.

et par l'alimentation si celle-ci n'apporte pas suffisamment de nutriments alcalins (antiacides), à savoir les minéraux et oligoéléments présents en quantités importantes surtout dans les végétaux.

L'hyperacidité s'accompagne d'une hyperoxydation de l'organisme, le tout favorisant le phénomène inflammatoire, le vieillissement cellulaire (troubles viscéraux, neuropsychiques, ostéoarticulaires), une insuffisance immunitaire et le processus cancéreux. C'est dire toute l'importance de consommer régulièrement des aliments naturellement riches en nutriments antioxydants et alcalins comme les fruits et légumes biologiques.

Les protéines sont indispensables, mais acidifiantes par leurs produits de dégradation (comme l'urée et l'acide urique), encore que celles d'origine végétale le soient moins que celles d'origine animale, car accompagnées de plus de sels minéraux alcalins. Globalement, une alimentation carnée est acidifiante alors qu'une alimentation végétarienne (ovo-lacto-végétalienne) est équilibrée, voire alcalinisante.

Les grandes familles de repas

La triade se traduit sur le plan pratique par quatre familles de repas, qualifiés en fonction du type de protéines apportées :

- **repas « classiques »** à base de protéines animales associées à des apports de céréales raffinées ou de tubercules et accompagnés de légumes et de fruits, puis éventuellement d'un dessert à dominante sucrée. C'est le type de repas devenu le plus courant dans les pays industrialisés ;
- **repas « mixtes »** associant des protéines animales en quantités modérées (environ la moitié de leur grammage habituel) à une céréale non raffinée ou à une légumineuse, pour compléter la ration en protéines, et accompagnées de légumes et de fruits.
- **repas « végétariens » :** repas mixtes où les produits animaux se limitent aux œufs et aux produits laitiers.
- **repas « végétaliens » :** l'apport en protéines repose sur l'association d'une céréale non raffinée et d'une légumineuse, avec des légumes et des fruits dont des fruits à coque. Précisons que l'approche végétalienne se limite à une pratique alimentaire, alors que l'approche « *végane* » exclut dans la vie quotidienne tout ce qui provient d'animaux (y compris le miel dans l'alimentation) : laine, cuir et évidemment fourrure.

Comportement alimentaire et préservation du climat : l'empreinte carbone de quelques repas types (source Ademe)

Type de repas	Empreinte carbone en eq CO_2 par repas
Repas classique avec viande de bœuf (bifteck)	6 290 g
Repas classique avec viande de poulet	1 350 g
Repas mixte avec viande de bœuf*	2 010 g
Repas mixte avec viande de poulet**	800 g
Repas végétarien (avec deux œufs)	510 g
Repas végétalien (végan)***	310 g

* *Contenue, dans cet exemple, dans des spaghettis à la bolognaise.*
** *Contenue, dans cet exemple, dans du riz cantonais.*
*** *Estimation personnelle.*

Remarque pratique : en diminuant la fréquence des repas de type classique, pour les alterner avec les autres types, le coût moyen des repas devient abordable, même avec des ingrédients de qualité bio : **l'équilibre alimentaire permet de préserver aussi l'équilibre du budget.** Ainsi, dans les plats mixtes, les protéines animales ne constituent plus la part prépondérante, onéreuse, du plat principal, et sont présentes en moindre quantité parmi d'autres bien moins chers. Quant aux plats végétariens, ils ont un excellent rapport qualité nutritionnelle/prix, ce qui amortit le surcoût des quelques repas qui restent « classiques » à base de protéines animales. Voilà la recette pour se nourrir avec des produits de qualité sans dépenser plus !

Respecter les aliments

Notre alimentation doit renouveler notre potentiel vital grâce à des aliments riches en nutriments nécessaires au bon déroulement des réactions biochimiques de notre corps, mais aussi au renouvellement de nos tissus et qui nous protègent contre diverses agressions. Des aliments bio et une bonne mastication sont des atouts majeurs. Encore faut-il ne pas altérer cette qualité nutritionnelle par le raffinage, les procédés de transformation industrielle et des cuissons inappropriées.

Halte au raffinage[18] et aux aliments à index glycémique élevé

Attention à ne pas se laisser abuser par les mots : dans l'agro-industrie « raffiner » ne veut pas dire « améliorer ». C'est tout le contraire : « raffiner », c'est éliminer une bonne partie des nutriments les plus réactifs de l'aliment, qui sont aussi les plus protecteurs pour nous consommateurs (vitamines, oligoéléments, enzymes, acides gras insaturés, polyphénols, fibres), ceci afin de prévenir leur altération spontanée et de faciliter leur conservation.

Il faut dénoncer les **deux conséquences majeures du raffinage pour les produits céréaliers** :

- Alors qu'ils peuvent jouer le rôle de pilier protéique du repas tout en apportant des fibres, des minéraux et des vitamines, le raffinage les appauvrit par abrasion ou par tamisage après mouture, de sorte qu'ils n'apportent plus guère que de l'amidon et sont considérés comme de simples féculents par l'approche diététique officielle pour accompagner classiquement une protéine animale.
- Le raffinage élimine par ailleurs une grande partie des substances protectrices, en particulier des polyphénols, dont plus de 80 % sont contenus dans le son et dans le germe.

Perte en nutriments de la farine de blé par le raffinage

	Teneur de la farine intégrale T 150	Teneur de la farine blanche T 55	Perte en % de la teneur de la farine intégrale
Fibres (%)	13	4	69 %
Magnésium (mg/100 g)	88	25	72 %
Potassium (mg/100 g)	407	159	61 %
Zinc (mg/100 g)	2	0,7	65 %
Fer (mg/100 g)	2,8	0,9	68 %
Calcium (mg/100 g)	40	24	40 %
Manganèse (mg/100 g)	3,3	0,6	82 %
Vitamine B1 (mg/100 g)	0,4	0,1	75 %
Vitamine B6 (mg/100 g)	0,3	0,1	67 %
Acide folique (µg/100 g)	28	16	43 %
Vitamine E (mg/100 g)	2,5	0,2	92 %

18 Le conditionnement des consommateurs permet à l'agro-industrie de pérenniser ce raffinage pour répondre à leur demande, ce qui non seulement pérennise ces pratiques calamiteuses sur le plan nutritionnel, mais amène à compenser les carences induites avec des compléments ou suppléments alimentaires dont le marché est florissant (un comble !), plutôt que de faire appel aux aliments naturellement riches en nutriments protecteurs que sont le sucre de canne complet brun foncé, le sel marin gris, les céréales complètes ou semi-complètes et les huiles végétales de première pression à froid

L'index glycémique des céréales raffinées peut être augmenté, ainsi donc que leur impact sur l'élévation de la glycémie, c'est-à-dire la teneur en glucose du sang après assimilation : c'est dangereux pour le diabétique et à risque pour celui qui ne l'est pas.

L'index glycémique (IG) des aliments est étalonné de 0 à 100 : faible de 0 à 40, moyen de 40 à 60 et fort au-delà. Pour un même apport de glucides, plus l'IG d'un aliment est faible, meilleure est son assimilation sans contrecoup métabolique (qui se traduit par un excès de sécrétion d'insuline, une transformation des excès de sucre en dépôts de graisses dans les tissus, un épuisement du pancréas menant au diabète).

De tous les aliments qui apportent des glucides, ce sont les légumineuses et les fruits à coque qui ont les plus faibles IG (de 15 à 35) en raison notamment de leurs fortes teneurs en fibres et en protéines. Les produits céréaliers complets ont un IG moyen qui peut s'élever avec le raffinage, les procédés de transformation (pain, pâtes…) et les cuissons prolongées (d'où l'intérêt de les consommer *al dente*).

Il a fallu du temps pour que les scientifiques mettent en évidence de manière indiscutable les effets négatifs sur la santé de la consommation de céréales raffinées très appauvries en nutriments. En quelques générations, on est passé, sur toute la planète, du pain et du riz complets au pain et au riz blancs, ce qui a longtemps été considéré comme un progrès. Le pain complet, le « pain noir », était alors considéré comme peu digeste et peu appétant, rappelant trop le compagnon des mauvais jours au sortir de la seconde Guerre Mondiale. *A contrario*, ne dit-on pas « manger son pain blanc d'abord » pour signifier commencer par le plus agréable ?

L'intérêt des céréales complètes pour la santé a pourtant été confirmé par de nombreuses études épidémiologiques, dont voici un exemple.

Impact sur la mortalité et les maladies cardiovasculaires des céréales complètes et des céréales raffinées (étude sur 12 000 personnes suivies pendant 12 ans)

Aliments	Impact sur la mortalité	Impact sur l'incidence des maladies cardiovasculaires
Céréales complètes (personnes en consommant en moyenne 84 g par jour par rapport à des personnes en consommant en moyenne 3 g)	- 25 %	- 29 %
Céréales raffinées (personnes en consommant en moyenne 140 g par jour par rapport à des personnes en consommant en moyenne 14 g)	+ 9 %	+ 17 %

Source : Steffen, 2003.

De nombreuses études concluent également à une diminution de l'incidence du diabète, de certains cancers, de la prise de poids et de l'hypertension. L'une d'elles (Fung, 2002) conclut à une diminution de 42 % de l'incidence du diabète chez ceux qui consomment le plus de céréales complètes par rapport à ceux qui en consomment le moins.

Les huiles, le sucre et le sel raffinés ont les mêmes effets délétères, par appauvrissement en nutriments protecteurs, que les céréales raffinées. Les huiles sont appauvries en acides gras insaturés pour être moins exposées au rancissement, le sucre et le sel en minéraux pour se conserver plus facilement à l'abri de l'humidité. Il faut donc consommer des huiles de première pression à froid, du sucre de canne complet et du sel marin gris, non raffinés.

Manger peu transformé et local

L'industrie agroalimentaire nous propose une infinité d'aliments prêts à consommer. Or, la très grande majorité sont trop salés, trop gras, trop sucrés, pleins d'additifs et appauvris, voire totalement dépourvus en nutriments protecteurs. Des études récentes ont montré que la consommation fréquente de produits ultratransformés augmentait le risque de maladies cardio-vasculaires et de cancers (Srour 2019, Schnabel 2019, Fiolet 2018 et Inserm, CIRC et NutriNet santé 2019). Sont ultratransformés tous les aliments qui contiennent plus de cinq ingrédients. On veillera donc, dans la mesure du possible, à manger et à cuisiner des produits non ou peu transformés, certains (fruits, légumes) pouvant être mangés crus. Préférer les produits locaux va de soi, avec toutefois une réserve, souvent oubliée des locavores : veillez au moins à ce que vos voisins maraîchers et arboriculteurs soient peu dépendants de pesticides et engrais chimiques, à défaut de produire bio, et que les filières animales ne soient pas nourries au soja transgénique d'importation amazonienne.

Cuire sans nuire

Nous venons de voir qu'il est très important de recouvrer la maîtrise culinaire dans une démarche de réforme alimentaire saine, d'autant plus que cuisiner peut procurer en soi beaucoup de plaisir. Il importe alors d'éviter l'écueil d'altérer de précieux nutriments, voire de générer des facteurs de risques en cuisant les aliments. Évitez surtout l'usage régulier des cuissons excessives en températures et durées (exception faite de la cuisson des viandes à l'étouffée au four à basse température), le four à micro-ondes, les grillades avec traces de carbonisation aux effets délétères, qui détruisent ou altèrent les micronutriments, et les acides gras insaturés qui peuvent aussi générer de nouveaux composés nocifs (radicaux libres hyperoxydants, acides gras trans, néonutriments par réactions entre sucres et protéines, etc.).

La part du cru dans notre alimentation fait débat. Pour la plupart des légumes, on a le choix entre le cru et le cuit. La cuisson détruit les vitamines, surtout la vitamine C, dans des proportions variables selon le mode et la durée de cuisson, mais elle facilite l'assimilation des aliments. La solution est un bon équilibre entre le cru et le cuit, sachant que certains légumes se prêtent davantage à la consommation crue (salade, tomates, concombres et autres) et que de nombreux végétaux ne peuvent être consommés que cuits : les céréales (sauf exception), les légumineuses et les tubercules (pommes de terre, patates douces). De petites quantités de céréales (particulièrement de blé) peuvent être mangées crues après germination.

Aux aliments crus et cuits vient s'ajouter une troisième catégorie, pratiquée universellement, dont on parle beaucoup depuis quelque temps : la fermentation, qui transforme les aliments non pas par la chaleur mais par des microorganismes, à la fois pour améliorer leur valeur nutritive et leur digestibilité et souvent pour augmenter leur durée de conservation. La plus pratiquée est de loin la fermentation lactique qui transforme le lait en yaourt, puis en fromage, mais aussi le chou en choucroute et de nombreux autres légumes.

Bien mastiquer

Pour bonifier cette approche qualitative de l'alimentation, il s'agit également de bien mastiquer pour manger avec modération et davantage de plaisir. On se nourrit aussi de sensations, en s'imprégnant de saveurs et d'arômes subtils, ce qui satisfait le plaisir de manger et participe pour une grande part, qualitative, au mécanisme réflexe de rassasiement. Or, les récepteurs sensoriels du goût sont dans la bouche et non dans l'estomac. Avaler trop vite un repas représente donc un double gâchis : saveurs négligées et quantités excessives ingérées. Il s'agit d'une véritable règle d'or : une bonne mastication facilite une bonne assimilation, tout en conciliant plaisir et modération.

Le rassasiement est d'autant plus facilité par des aliments ayant une bonne densité nutritionnelle (bio) et riches en fibres, ce qui est particulièrement le cas des céréales complètes et des légumineuses.

Manger bio

Après des décennies de polémiques, il est admis, sauf par quelques biosceptiques irréductibles, que manger bio est bon pour la santé et pour l'environnement.

Pour l'environnement, le consensus est établi au sujet des productions bio : elles préservent la biodiversité animale et végétale et évitent la pollution des sols, de l'eau et de l'air par les pesticides et les excès d'azote.

Pour la santé, les preuves s'accumulent (voir p. 249) au sujet de la qualité des produits bio avec une quasi-absence de résidus de pesticides et des teneurs plus élevées en nutriments protecteurs, notamment les acides gras oméga-3 et les antioxydants. De récentes études épidémiologiques ont confirmé les effets bénéfiques pour notre santé de la consommation d'aliments bio : moins d'allergies, moins de personnes obèses et en surpoids, moins de risques de maladies cardiovasculaires, de diabètes et de cancers. Plusieurs de ces études ont été réalisées en France, dans le cadre de l'enquête NutriNet-Santé.

Contrairement à ce qu'on lit et entend souvent, le bio est accessible à presque tous, à condition de changer ses habitudes alimentaires. Nous avons précédemment indiqué les composantes de la recette du « manger bio sans dépenser plus » [19] en faisant la part belle au végétal frais et en évitant les aliments ultratransformés ; reste à apprendre comment cuisiner maison grâce aux recettes à suivre.

---

19 Claude Aubert et Christine Mayer-Mustin, avec la participation du Dr Lylian Le Goff, *Manger bio sans dépenser plus*, Terre vivante, 2020.

CUISINER LES PROTÉINES VÉGÉTALES

À retenir

- La quantité de protéines apportée pour une personne et leur nature est indiquée dans les recettes.
- Les recettes de base sont décrites en prélude, car régulièrement utilisées dans les autres recettes, avec un renvoi à la page concernée.
- L'équilibre nutritionnel est assuré par la complémentarité et la variété des apports sur l'ensemble de la journée. Ainsi, si certains plats principaux contiennent peu de protéines, on peut compenser avec une entrée, une à deux tranches de pain complet (apportant 8 à 10 g de protéines) et/ou avec les autres apports plus importants de la journée.
- Les ingrédients bio et non raffinés sont fortement recommandés.
- L'intensité des cuissons au four étant variable selon le réglage du thermostat des cuisinières, il est indiqué simplement : cuisson à four doux (120 °C ; th. 4/5), à four moyen (150 °C ; th. 5/6), à four chaud (180 °C ; th. 7). Nous déconseillons les cuissons à four très chaud (220 °C et au-delà ; th. 8).
- Pour chaque recette sont indiqués les temps de préparation des ingrédients et la durée globale de confection, qui inclut le temps éventuel de cuisson. Une bonne organisation permet d'utiliser le temps de cuisson d'un ingrédient pour en préparer d'autres. Le temps de cuisson des ingrédients déjà cuits n'est pas comptabilisé.
- Certaines recettes ont recours à des céréales, légumineuses ou légumes déjà cuits et mis en réserve au réfrigérateur. Parfois, on peut également utiliser des conserves bio.

Dosages et contenances

1 c. à café = 5 ml

1 c. à soupe = 10 ml

1 verre à vin = 12,5 cl (75 g de farine, 100 g de sucre)

1 bol = 25 cl

1 saladier = 1 l

Recettes de base

Les modes de cuisson

Comment cuire les céréales en grains

Deux procédés simples sont recommandés, à feu doux, pour ne pas altérer les nutriments : cuisson à l'orientale et cuisson façon risotto.

Bien laver les graines de céréales ou de légumineuses
Dans un récipient, recouvrir largement les graines d'eau froide, remuer à l'aide d'une spatule, laisser les impuretés remonter à la surface pour les éliminer lentement, avec l'eau, en inclinant le récipient dans l'évier. Renouveler l'opération si nécessaire, notamment pour certaines céréales (riz et quinoa). Égoutter ou laisser tremper selon le type de graine.

Céréales	Temps de trempage	Temps de cuisson	Mode de cuisson
Amarante	-	30 min	départ dans de l'eau froide
Avoine			
grains entiers	2 h	1 h	départ dans de l'eau froide
grains concassés	-	20 min	départ dans de l'eau chaude frémissante
flocons	-	0 à 10 min	départ dans de l'eau chaude frémissante
Blé complet ou semi-complet			
pâtes	-	3 à 10 min *al dente*	départ dans de l'eau chaude frémissante salée
couscous	-	10 min par imbibition	recouvrir d'eau bouillante, laisser gonfler jusqu'à absorption
boulgour fin	-	10 min par imbibition	recouvrir d'eau bouillante, laisser gonfler jusqu'à absorption
boulgour gros	-	15 min	départ dans de l'eau chaude frémissante
grain blé tendre	3 h	1 h	départ dans de l'eau froide
seitan	-	20 min	à la vapeur ou la poêle

Céréales	Temps de trempage	Temps de cuisson	Mode de cuisson
Épeautre			
grains entiers	3 h	1 h	départ dans de l'eau froide
concassés précuits	-	10 min	départ dans de l'eau chaude frémissante
flocons	-	0 à 15 min	départ dans de l'eau chaude frémissante
Maïs			
semoule (polenta)	-	2 à 30 min (selon la variété)	départ dans de l'eau chaude frémissante
grains (maïs doux)	-	30 min	départ dans de l'eau froide
Millet			
grains entiers	-	20 min	départ dans de l'eau chaude frémissante
flocons	-	0 à 15 min	départ dans de l'eau chaude frémissante
Orge			
mondé	3 h	1 h	départ dans de l'eau froide
perlé	-	30 min	départ dans de l'eau froide
concassé précuit	-	10 min	départ dans de l'eau chaude frémissante
flocons	-	0 à 15 min	départ dans de l'eau chaude frémissante
Quinoa			
grains	-	15 min	départ dans de l'eau chaude frémissante
flocons	-	0 à 15 min	départ dans de l'eau froide
Riz complet ou semi-complet			
grains	-	30 à 45 min	départ dans de l'eau froide
flocons	-	0 à 15 min	
Riz sauvage (grains)	-	30 à 45 min	
Sarrasin (grains décortiqués)	-	20 min	départ dans de l'eau chaude frémissante
Seigle			
grains mondés	-	30 à 45 min	départ dans de l'eau froide
flocons	-	0 à 15 min	départ dans de l'eau chaude frémissante

En vert = cuisson rapide / **En rose** = cuisson lente.

Cuisson classique à l'orientale

Mettre un volume de céréale dans un et demi à trois volumes d'eau froide légèrement salée. Seule l'expérience permet de déterminer la quantité d'eau nécessaire pour chaque type de céréale, en sachant qu'elle doit être entièrement absorbée lorsque la céréale est cuite (mais pas avant). Certaines céréales peuvent se cuire à la vapeur, principalement le riz et le couscous.

Pour les graines entières, lorsque l'eau est sur le point de parvenir – ou de revenir – à ébullition, réduire le feu, couvrir pour maintenir l'eau frémissante, puis éteindre le feu avant de parvenir au stade *al dente*. Laisser gonfler jusqu'à absorption quasi complète avant d'égoutter (très important), afin que la céréale « transpire » son eau, que le grain soit bien *al dente* : moelleux sans être gorgé d'eau, non collant.

Cuisson façon pilaf ou risotto

Disposer la céréale dans une sauteuse à sec (ou avec des aulx revenus à l'huile d'olive à feu doux) durant 2 à 3 minutes. Ce temps de précuisson rend l'amidon plus digeste, puis ajouter une « tisane aromatique » : infusion de fines herbes (thym, persil, laurier, estragon, bouquet garni...) légèrement salée et/ou un cube de bouillon pour recouvrir les grains de céréales, toujours à feu doux. Une fois la tisane absorbée, en rajouter éventuellement (surtout pour les céréales à cuisson lente), jusqu'à ce que les grains soient *al dente*. Mélanger délicatement avec une cuillère en bois. Il est possible et recommandé d'ajouter des légumes émincés en cours de cuisson ou dès la première phase, avec les aulx, en mode braisé.

Les temps de cuisson et quantités d'eau sont sensiblement inférieurs à ceux de la cuisson orientale ; là aussi l'expérience parle. Ce mode de cuisson est très pratique pour préparer le couscous, qui absorbe rapidement le bouillon, mais attention à ne pas trop en verser la première fois : mieux vaut avoir à en rajouter un peu par la suite.

Remarques

Le trempage avant cuisson des céréales n'est pas obligatoire (contrairement à celui de la majorité des légumineuses), mais permet de réduire le temps de cuisson de moitié environ (surtout pour les céréales à cuisson lente sous forme de grains : blé tendre, épeautre, orge mondé, avoine). Une fois cuits, 100 g de grains secs représentent 200 à 250 g. Un excédent de grains cuits, conservés au réfrigérateur, permet un gain de temps appréciable pour la préparation de repas à venir.

Comment cuire les légumineuses

La cuisson doit être précédée, le plus souvent, d'un trempage dans deux volumes d'eau, de durée variable (voir tableau ci-dessous), qui élimine les substances à l'origine de flatulences et représente une sorte de « prédigestion » réduisant le temps de cuisson.

Jeter l'eau de trempage, rincer, puis faire cuire dans un faitout avec deux volumes d'eau froide. Dès que l'eau est sur le point de parvenir à ébullition, réduire à feu doux, couvrir et laisser cuire le temps nécessaire.

Attention, **ne saler qu'en fin de cuisson** (sinon les légumineuses durcissent). Il est recommandé par ailleurs d'ajouter aromates et condiments pour faciliter la digestion des légumineuses (sarriette, oignon, laurier, menthe...) et de l'algue kombu en paillettes (1 c. à soupe) pour réduire le temps de cuisson.

Légumineuses	**Temps de trempage**	**Temps de cuisson**
Azukis	3 h (facultatif)	1 à 1 h 30
Doliques mongettes	12 h	1 h
Fèves entières	12 à 16 h	2 h
Fèves décortiquées	3 h (facultatif)	1 h
Haricots secs	12 à 16 h	1 h 30
Légumineuses fraîches (haricots à écosser, mangetout, fèves fraîches)	–	30 à 40 min
Lentilles	–	30 à 45 min
Lentilles corail	–	20 min
Pois cassés	1 h (facultatif)	45 min à 1 h
Pois secs entiers	12 h	1 h
Pois chiches	12 à 16 h	2 h
Soja	12 à 16 h	3 h
Tofu	–	10 à 30 min
Tempeh	–	10 à 30 min

En vert = cuisson rapide / **En rose** = cuisson lente.

Remarque : très pratiques et savoureux, les flocons de céréales (avoine, blé et épeautre, maïs, millet, orge, quinoa, riz, sarrasin) et de légumineuses (azukis, lentilles, pois cassés, pois chiches, soja) ne nécessitent qu'un trempage dans un liquide chaud ou quelques minutes de cuisson.

Comment cuire les légumes

La **« marinade » au sel** consiste à faire mariner quelques minutes des légumes découpés ou émincés, brassés dans un saladier avec du sel et des herbes aromatiques. Ainsi, les légumes libèrent leurs arômes et s'attendrissent, ce qui diminue le temps de cuisson.

La **cuisson à l'étouffée** (dans un récipient couvert, à feu très doux et sans ajout d'eau) respecte l'intégrité de l'aliment et de ses nutriments et révèle ses saveurs. Compter 5 à 10 minutes pour des légumes aqueux et 15 à 20 minutes pour des légumes plus denses. Variantes : cuisson en papillote (dans du papier sulfurisé) au four ou au bain-marie.

La **cuisson à la vapeur** est à peu près équivalente à la cuisson à l'étouffée en termes de temps de cuisson. Compter 10 minutes de plus pour les légumes entiers. Goûter et saler éventuellement en fin de cuisson.

Avec la **cuisson à l'eau**, une partie des minéraux et vitamines passe dans l'eau de cuisson. Intéressante néanmoins pour les soupes ou si l'on consomme le bouillon dans d'autres recettes, voire pour des cuissons très brèves afin de « décrudire » les légumes qui gardent alors leur croquant et leurs nutriments (avant congélation par exemple).

Les cuissons à la chaleur sèche : les légumes sont soit **sautés** (saisis dans une poêle huilée), soit **braisés** (saisis, puis mijotés à découvert), soit **braisés à l'étouffée** (saisis, puis mijotés à couvert) dans une poêle à bords hauts, éventuellement avec du lait de coco. On peut aussi avoir recours à la **cuisson au four** (tartes, moussakas, gratins) ou à la **cuisson au diable** (pommes de terre, betteraves rouges, oignons non épluchés).

Les assaisonnements, bouillons et préparations condimentaires

Nombre de sauces et accompagnements végétaliens complémentent les repas froids ou chauds en apportant un plus nutritionnel certain en nutriments essentiels, avec une touche protéique. Bien choisir des huiles de première pression à froid.

Sauce au soja

Émulsionner la sauce soja dans l'huile.

Ingrédients

1 c. à café d'une sauce soja (tamari ou shoyu)
2 à 3 c. à soupe d'huile

Vinaigrette

Dans un bol, bien mélanger vinaigre et sel jusqu'à ce que ce dernier fonde. Ajouter le tamari, puis selon vos goûts : moutarde, aulx et aromates. Bien mélanger, ajouter progressivement l'huile, tout en fouettant pour obtenir une « vinaigrette » homogène.

Variantes à l'ortie ou aux algues
Pour un assaisonnement plus riche en protéines et minéraux, ajouter au choix : 1 c. à soupe d'ortie finement ciselée (fraîche si possible ou réhydratée) ou d'algues (en paillettes réhydratées).

Ingrédients

1 c. à soupe de vinaigre de cidre (ou balsamique, de riz, de vin ou jus de citron)
1 pincée de sel marin (ou 1 c. à café de gomasio)
1 c. à café de sauce soja (tamari ou shoyu)
1 c. à café de moutarde complète en grains
Aulx finement ciselés (oignon blanc, échalotes et ail dégermés)
Fines herbes aromatiques
Poivre du moulin (facultatif)
2 c. à soupe d'une huile

Saupoudrages des plats

Qu'il soit « nature » ou assaisonné, un plat peut toujours être agrémenté d'un saupoudrage savoureux (levure, gomasio, graines germées, fruits à coque concassés, algues en paillettes, aromates, fines herbes).

Sauce au tahin

Cette sauce convient pour les crudités et salades, ou pour napper des plats végétariens et végétaliens, chauds ou froids.

Ingrédients

1 c. à soupe de tahin (purée de sésame)
5 c. à soupe d'eau (ou de bouillon)
Sel et poivre

Délayer le tahin avec l'eau (ou le bouillon) pour obtenir une sauce onctueuse.

Saler et poivrer, rectifier.

Variantes

À la crème d'avoine : incorporer progressivement 4 c. à soupe de crème d'avoine pour épaissir la sauce.

Au miso : diluer 2 c. à soupe de tahin et 1 c. à café de miso de riz dans un yaourt au soja et un peu d'eau. Ajouter le jus d'un citron et quelques brins ciselés de ciboulette. Bien mélanger.

Façon vinaigrette : ajouter progressivement à 1 c. à soupe de tahin, 1 c. à café de moutarde complète, 1 c. à café de tamari, 1 c. à café d'ortie ciselée, puis 3 c. à soupe d'une huile.

Remarque : grâce au tahin, le sésame, aliment intégral, peut être facilement consommé en pâte à tartiner toastée.

Sauce aux noisettes

Délicieuse pour accompagner des crudités en bâtonnets, des légumes cuits à la vapeur et des plats végétariens ou végétaliens, chauds ou froids.

Délayer la purée de noisette en ajoutant l'eau progressivement. Petit à petit, le mélange blanchit et se transforme en crème consistante, semblable à une mayonnaise.

Ajouter le gomasio, goûter, rectifier et réserver au frais.

Variantes gourmandes
Déposer dans le verre doseur d'un mixeur plongeant 10 cl d'une huile ou 100 g de tofu soyeux, 10 belles noisettes en poudre, les feuilles d'une dizaine de brins de persil plat, 2 gousses d'ail dégermées et finement émincées, 2 c. à café de moutarde à l'ancienne, 1 à 2 c. à soupe d'un jus de citron fraîchement pressé. Mixer jusqu'à obtention d'une sauce onctueuse.

Ingrédients

4 c. à soupe de purée de noisette

6 c. à soupe d'eau tiède (ou de bouillon)

1 pincée de gomasio

Sauces blanches végétales

On utilise ces sauces blanches et les sauces béchamel qui suivent pour apporter de l'onctuosité aux bouillons et aux soupes, pour enrober légumes, céréales, légumineuses et pâtes, pour préparer des gratins, voire pour tremper des dips de légumes crus.

Version automnale

Dans une casserole, délayer la crème dans le bouillon (froid d'abord, puis le reste tiédi). Mélanger à l'aide d'une cuillère en bois tout en chauffant pour épaissir. Lorsque le mélange est sur le point de parvenir à ébullition, réduire à feu doux durant une dizaine de minutes. Ajouter la purée de noisette (qui remplace le corps gras de la recette classique) en continuant de mélanger durant 5 minutes environ. Saler, poivrer, rectifier.

Ingrédients

50 g de crème de sarrasin
50 cl de bouillon de légumes
2 c. à soupe de purée de noisette
Sel et poivre

Version à l'huile d'olive

Laisser infuser la tisane 5 minutes.

Dans une casserole, délayer à feu doux la crème avec l'huile d'olive, puis ajouter progressivement la tisane aromatique, sans cesser de mélanger durant 5 minutes, pour obtenir la consistance désirée. Saler, poivrer et ajouter 1 c. à café de curry doux ; rectifier.

Ingrédients

50 cl de tisane aromatique (eau + herbes de Provence)
50 g de crème de céréale (riz, avoine...)
3 à 4 c. à soupe d'huile d'olive
Sel et poivre
1. c à café de curry doux en poudre

Version au tahin

Délayer la farine dans le bouillon (froid d'abord, puis le reste tiédi).

Bien mélanger tout en chauffant pour épaissir. Lorsque le mélange est sur le point de parvenir à ébullition, réduire à feu doux durant 5 minutes et ajouter tahin, sel, poivre, curry doux ou muscade râpée. Mélanger régulièrement, goûter, rectifier.

Ingrédients

50 g de farine T80
50 cl de bouillon
20 g de tahin
Sel et poivre
Curry doux (ou muscade râpée)

Sauces béchamel végétales

Version légère

Délayer la farine dans 30 cl de lait de soja froid, puis verser le mélange dans une casserole dans laquelle ont tiédi les 20 cl de lait restants.

Mélanger régulièrement avec un fouet jusqu'à parvenir à ébullition, puis réduire immédiatement à feu doux, en continuant de remuer durant 15 minutes pour épaissir.

Saler, poivrer, rectifier et ajouter 2 pincées de noix de muscade râpée.

Ingrédients

3. c. à soupe de farine de riz
50 cl de lait de soja
Sel et poivre
2 pincées de noix de muscade râpée

Version au miso

Mélanger le lait de soja, le miso et l'arrow-root dans une casserole, puis chauffer en remuant constamment avec une cuillère en bois pour épaissir, jusqu'à parvenir au point d'ébullition. Réduire tout de suite à feu doux et remuer encore pendant 2 minutes environ.

Ingrédients

50 cl de lait de soja
1 c. à soupe de miso de soja
2 c. à soupe d'arrow-root

Version au tofu soyeux

Préparer une crème de soja en mixant le tofu soyeux avec le lait de soja.

Dans une casserole, chauffer l'huile à feu modéré en ajoutant progressivement la farine, puis ajouter la crème de soja pour obtenir une béchamel homogène. Saler et poivrer ; rectifier.

Ingrédients

150 g de tofu soyeux
15 cl de lait de soja
2 c. à soupe d'huile d'olive
50 g de farine T80 (ou de riz pour éviter le gluten)
Sel et poivre

Sauce au fromage blanc

Ces sauces au fromage blanc et au yaourt sont idéales pour accompagner les plats végétariens (crudités, légumes cuits en salade, œufs durs, viandes, poissons et fruits de mer froids). À délayer également dans les soupes.

Dégermer et émincer les aulx. Hacher grossièrement les fines herbes.

Mixer le fromage blanc, l'huile, les aulx et les fines herbes.

Saler, poivrer, rectifier et réserver au frais.

Variantes
Au fromage : ajouter 20 g de roquefort (ou 30 g de bleu d'Auvergne).
Type ailloli : ajouter 1 à 2 jaunes d'œufs durs émiettés et 1 à 2 gousses d'ail.
Type mayonnaise : ajouter 2 c. à café de moutarde à la place de l'ail dans la variante type ailloli.

Ingrédients

1 c. à soupe d'un mélange d'aulx (1 échalote et 1 gousse d'ail)

Fines herbes (persil, ciboulette ou coriandre)

100 g de fromage blanc (20 ou 0 %)

1 à 2 c. à café d'huile

Sel et poivre

Sauce au yaourt à la moutarde

Dégermer et presser l'échalote, hacher finement les fines herbes.

Battre énergiquement ou mixer brièvement le yaourt avec la moutarde, l'échalote et les fines herbes. Saler et poivrer.

Variantes gourmandes
Au soja : remplacer la moutarde par 2 c. à café de tamari ou de shoyu.
Au soja aromatisé : ajouter 1 c. à café de curry doux (ou de cumin et de coriandre, ou de paprika, ou de piment d'Espelette).
À l'œuf : ajouter à la variante au soja, 1 jaune d'œuf cru (ou dur émietté pour plus de consistance) avec un peu d'huile d'olive fruitée, jusqu'à obtenir le moelleux souhaité.
À l'huile : mixer 1 yaourt avec 2 c. à soupe d'une huile, le jus d'½ citron, 1 c. à soupe de fines herbes finement hachées. Saler et poivrer.

Ingrédients

1 échalote

1 c. à soupe de fines herbes (au choix ou en mélange : persil, ciboulette, coriandre, aneth, cerfeuil, menthe)

1 yaourt (115 g) de vache (ou au soja)

1 c. à café de moutarde complète en grains

Sel et poivre

Pistou

Pour accompagner salades, pâtes, pizzas, plats végétaliens et végétariens ou à délayer dans une soupe. À conserver 1 semaine au frais dans un petit bocal en recouvrant d'une mince couche d'huile.

Mixer le basilic, l'ail dégermé et le fromage. Ajouter progressivement l'huile d'olive en mélangeant jusqu'à obtenir une sauce lisse bien homogène. Adapter la quantité d'huile à la consistance souhaitée. Saler, rectifier.

Variantes

Pistou d'amande : presser 2 gousses d'ail dégermées et les incorporer à 4 c. à soupe de poudre d'amande. Saler, poivrer et ajouter progressivement 4 c. à soupe d'une huile. Ciseler très finement 1 bouquet de basilic et l'ajouter à la sauce. Malaxer ou mixer avec un robot.

Pistou d'amande au fromage : même recette, mais avec 2 c. à soupe de poudre d'amande et 2 c. à soupe d'un fromage râpé.

Ingrédients

1 bouquet (8 à 10 branches) de basilic

2 gousses d'ail

3 c. à soupe d'un fromage râpé (parmesan, mozzarella, tomme de chèvre, comté)

10 cl d'huile d'olive

1 pincée de sel

Variantes au tofu soyeux

Dans toutes les recettes précédentes, il est possible de remplacer l'huile d'olive par 100 g de tofu soyeux. Adapter les quantités au volume du plat à agrémenter et à la consistance souhaitée. Si besoin, ajouter 1 c. à soupe de jus de citron pour plus de fluidité.

Pistou de tofu soyeux aux fruits à coque : mixer 100 g de tofu soyeux avec 2 c. à soupe d'un fruit à coque en poudre, 6 branches de basilic (avec plus ou moins de coriandre, de menthe, de persil) et 2 c. à soupe de jus de citron et d'eau, jusqu'à obtenir une sauce homogène et lisse. À servir froid.

Pesto alla genovese, *un classique italien*

Réussir un pesto alla genovese *authentique relève du rituel, même si quelques compromis sont possibles. Bien entendu, on peut aussi préparer ce pesto au mixeur, avec un résultat tout à fait honorable, à condition de mixer par à-coups pour éviter un échauffement.*

Dans le mortier, écraser au pilon l'ail épluché avec un peu de gros sel.

Ajouter les feuilles de basilic non lavées (important !) et le reste du gros sel. Écraser soigneusement les feuilles contre les parois du mortier, puis ajouter les pignons et continuer jusqu'à l'obtention d'une crème. Ajouter progressivement les fromages râpés.

Pour finir, verser l'huile petit à petit et continuer à mélanger pour obtenir une sauce homogène. Le pesto est prêt ! Il se conserve bien 2 ou 3 jours au réfrigérateur. Au-delà il est préférable de le congeler.

Ingrédients

1 petite gousse d'ail
1 pincée de gros sel
25 g de basilic (à petites feuilles, le plus parfumé)
30 g de pignons
35 g de parmesan
15 g de pecorino
3 c. à soupe d'huile d'olive

Ustensiles

1 mortier en marbre et 1 pilon en bois

Bouillons de légumes

Bouillon de légumes nature

Ce bouillon résulte tout simplement de l'eau de cuisson des légumes, additionnée de fines herbes aromatiques.

Idéal pour préparer une soupe aux vermicelles ou un risotto, arroser une viande ou un poisson au four, etc.

Tisane aromatique

Voilà une recette astucieuse permettant d'obtenir un équivalent de bouillon de légumes sans légumes. Faire infuser des fines herbes (persil, cerfeuil, céleri, aneth, thym, etc.) dans de l'eau légèrement salée au gros sel et ajouter éventuellement du concentré bio de bouillon de légumes en cube (1 cube pour 500 ml d'eau).

Cette tisane est également idéale pour préparer une soupe aux vermicelles, un risotto, arroser une viande ou un poisson au four…

Bouillon au miso

Délayer 2 c. à soupe de miso de soja (ou de riz, ou d'orge) dans un verre de bouillon de légumes tiède, puis l'ajouter à un bouillon ou à une soupe. Goûter et rectifier.

Le miso permet de renforcer les préparations en saveurs et nutriments protecteurs.

Astuce crémeuse

Délayer 1 c. à soupe de purée d'amande (ou noisette, arachide, sésame) dans 3 c. à soupe de bouillon chaud de légumes. À ajouter à un bouillon ou à une soupe. Goûter et rectifier.

Les préparations maison

Laits de fruits à coque

Tremper le fruit sec dans 1 litre d'eau durant 24 heures. Égoutter et mixer avec le deuxième volume d'eau jusqu'à ce que la préparation devienne laiteuse et homogène.

Filtrer avec une étamine posée sur un entonnoir pour recueillir le lait dans une bouteille.

À conserver 2 à 3 jours au réfrigérateur.

Astuce
Il est possible de faire plus rapide et plus simple.
Dans une casserole, diluer 4 à 6 c. à soupe de purée de fruit à coque dans 1 litre d'eau tiédie. Bien mélanger et laisser refroidir pour un lait prêt à consommer.

Ingrédients

150 g d'un fruit à coque (amande, arachide, noisette ou sésame)
2 l d'eau

Tofu soyeux et tofu

Ingrédients

3 c. à café de nigari[20] *(ou 4 c. à soupe de jus de citron)*
½ verre d'eau
1 l de lait de soja
Aromates au choix : ciboulette, échalote, ail, curry, curcuma, paprika (facultatif)

Délayer le nigari dans le demi-verre d'eau tiède.

Chauffer le lait de soja et couper le feu au moment d'atteindre le point d'ébullition.

Ajouter la préparation coagulante (le nigari) et éventuellement les aromates.

Bien mélanger avec un fouet. Le lait commence à cailler. Laisser reposer 15 minutes environ pour que le petit-lait se sépare du caillé, puis verser dans une passoire recouverte d'un linge fin (étamine) pour récupérer le caillé (250 à 300 g) et recueillir le petit-lait dans un saladier. Encore riche en nutriments, ce petit-lait peut être utilisé dans des fonds de sauces et des bouillons.

Pour obtenir du tofu soyeux : laisser égoutter et refroidir le caillé 5 à 10 minutes avant de le réserver dans un récipient au réfrigérateur (48 heures maximum).

Pour obtenir du tofu plus compact : prolonger l'égouttage de 20 à 30 minutes, puis bien essorer en repliant l'étamine sur le caillé. Presser enfin dans un moule avec une spatule. Laisser reposer au moins 1 heure avant de cuisiner le tofu. Conserver au réfrigérateur, recouvert d'un peu d'eau, de 48 heures à 1 semaine maximum (changer alors l'eau tous les 2 jours).

20 Présure marine riche en magnésium et vendue en sachets.

Les pâtes et préparations à pâtisserie

Pâte brisée pour tarte salée ou sucrée

Pour 8 personnes (moule Ø 28 cm)

Pâte salée

200 g de farine T80
1 pincée de sel
3 c. à soupe d'huile d'olive
½ verre d'eau tiède

Pâte sucrée

150 g de farine T80
1 pincée de sel
1 c. à café de sucre de canne complet
2 c. à soupe d'huile d'olive
50 g de beurre pommade à température ambiante (ou de margarine végétale non hydrogénée)
½ verre d'eau tiède

Mélanger farine et sel (et sucre pour la pâte sucrée).

Creuser un puits au centre et verser l'huile. Pour la pâte sucrée, disposer le beurre en petits dés autour du puits.

Mélanger rapidement du bout des doigts pour sabler et obtenir une pâte grumeleuse. Ajouter l'eau progressivement tout en malaxant : la pâte devient compacte.

Laisser reposer 30 minutes dans un torchon, puis abaisser la pâte au rouleau et foncer un moule à tarte. Piquer le fond de tarte avec une fourchette et garnir avant d'enfourner.

Variantes
Version allégée : reprendre le même procédé en incorporant à la farine 50 g de petits flocons d'avoine (ou de millet). Apport en protéines végétales : 23 g pour l'ensemble de la pâte.
Version sans gluten : modifier la recette précédente en remplaçant la farine de blé par autant de farine de riz ou un mélange de ⅔ de farine de riz avec ⅓, au choix, de flocons de millet ou de farine de quinoa, de sarrasin, de châtaigne, de pois chiche. Ajouter 1 c. à soupe d'arrow-root pour lier la pâte et suppléer le rôle du gluten. Apport de protéines végétales : 12 g par pâte.

Pâte à pizza

Réhydrater la levure avec 1 c. à café d'eau tiède et laisser reposer 15 minutes.

Mélanger la farine et tous les ingrédients secs, puis creuser un puits et verser l'huile d'olive. Mélanger rapidement du bout des doigts, ajouter la levure et le reste d'eau pour obtenir un pâton homogène. Rectifier si besoin avec un peu plus d'eau ou de farine et pétrir encore 1 à 2 minutes.

Envelopper la pâte dans un linge propre et laisser reposer 1 h 30 à température ambiante avant de l'abaisser sur un plan fariné. Disposer sur une plaque à four et laisser reposer encore 30 minutes recouvert du linge. Préparer la garniture pendant les temps de repos.

Variante sans gluten
Remplacer la farine de blé par de la farine de riz et 1 c. à soupe d'arrow-root.

Ingrédients

1 c. à soupe (5 g) de levure de boulanger déshydratée
15 cl d'eau tiède environ
200 g de farine T80 (ou 150 g + 50 g de farine de pois chiche)
1 c. à café de sel non raffiné aux herbes
2 pincées d'herbes de Provence séchées
1 pincée de cumin en poudre
1 pincée de curcuma en poudre
2 c. à soupe d'huile d'olive

Pâte à crumble salée

Mélanger farine, flocons, sel et fines herbes. Creuser un puits au centre et verser l'huile. Mélanger rapidement du bout des doigts pour obtenir une pâte sableuse avant de l'émietter par-dessus un plat de légumes braisés ou de ratatouille. Recouvrir totalement et tasser légèrement avec le dos d'une spatule en bois.

Il est également possible de réaliser des crumbles de poisson.

Ingrédients

150 g de farine T80

50 g de petits flocons (avoine, quinoa ou millet)

1 pincée de sel non raffiné

1 c. à café d'un mélange de fines herbes sèches

3 c. à soupe d'huile d'olive.

Pâte à crumble sucrée

Dans un saladier, bien mêler farine, sucre et le mélange amande-noix de coco-noisette. Répartir le beurre en petits dés et l'incorporer du bout des doigts pour obtenir une pâte sableuse.

Disposer des fruits frais de saison dans un plat, puis émietter la pâte par-dessus. Recouvrir totalement et tasser avec le dos d'une spatule en bois.

Ingrédients

100 g de farine T80

50 g de sucre de canne complet

100 g à parts égales de poudre d'amande, noix de coco râpée, poudre de noisette grillée (facultatif) (ou doubler la quantité de farine)

100 g de beurre pommade (ou margarine végétale non hydrogénée)

Pâte à crêpes salée au sarrasin

Pour 12 galettes

400 g de farine de sarrasin
40 g de farine T80
3 œufs
1 pincée de sel
1 c. à soupe d'huile d'olive
20 cl d'eau environ

Verser les farines dans un saladier, puis ajouter progressivement les ingrédients dans l'ordre en mélangeant avec un fouet. Doser l'eau de manière à obtenir une pâte épaisse mais bien fluide.

Laisser reposer 2 heures en recouvrant d'un linge.

Pâte à crêpes sucrée

Pour 12 crêpes

250 g de farine T80
1 pincée de sel fin non raffiné
1 c. à soupe de sucre de canne complet en poudre
3 œufs
1 c. à soupe d'huile d'olive (facultatif)
1 sachet de sucre vanillé
50 cl de lait demi-écrémé
Arômes au choix : 1 c. à soupe de rhum, Cointreau, calvados, cannelle en poudre, fleur d'oranger (facultatif)

Verser la farine dans un saladier, creuser un puits et ajouter le sel, le sucre, les œufs entiers et éventuellement l'huile.

Bien mélanger au fouet, puis verser le sucre vanillé et le lait au fur et à mesure, jusqu'à obtenir une pâte lisse et homogène en ajoutant éventuellement, sur la fin, l'arôme choisi.

Laisser reposer une bonne heure en recouvrant d'un linge.

Astuce
Au lieu d'utiliser du sucre vanillé, faire macérer à couvert, dans le lait tiédi, 2 gousses de vanille bourbon fendues dans le sens de la longueur pendant 2 heures : un délice qui rend inutile l'ajout d'autres arômes !

Crème anglaise

Ingrédients

500 ml de lait de soja vanillé (ou lait de vache demi-écrémé + 1 gousse de vanille)
3 jaunes d'œufs
100 g de sucre vanillé.

Faire chauffer le lait à la limite du point d'ébullition (avec la gousse de vanille fendue en deux dans le sens de la longueur si lait de vache).

Dans une autre casserole, battre les jaunes d'œufs avec le sucre, en chauffant à feu modéré pour obtenir un mélange crémeux, tout en incorporant progressivement le lait bouillant (filtré s'il s'agit du lait de vache pour récupérer la gousse de vanille).

Remuer constamment avec une cuillère en bois, jusqu'à ce que la crème y adhère.

Ôter du feu, continuer de remuer lentement jusqu'au refroidissement complet (ce qui accélère le refroidissement de la crème tout en améliorant son onctuosité). Réserver au frais.

Ganache au chocolat noir

Ingrédients

200 g de chocolat à 70 % de cacao
50 g de poudre de noisette (ou d'amande ou autre fruit à coque)
12 cl de crème fraîche

Faire fondre le chocolat au bain-marie (éventuellement avec un peu d'eau).

Incorporer la poudre de noisette. Lisser avec le dos d'une spatule en bois.

Faire chauffer la crème dans une casserole, en remuant régulièrement jusqu'à approcher le point d'ébullition. Verser sur le chocolat fondu, bien mélanger au fouet, puis lisser. Réserver au frais.

Recettes à associer pour constituer un repas

Amuse-gueules

Toasts apéritifs

Ces quelques idées de canapés et pâtes à tartiner riches en protéines végétales sont autant d'alternatives aux sempiternels biscuits apéritifs gras et très salés.

Si l'on augmente les quantités et la taille des toasts, ces recettes peuvent facilement constituer une entrée ou un plat principal accompagnés de salade assaisonnée.

Petites galettes de légumineuses

Pour 20 galettes environ

500 g de légumineuses cuites (lentilles, haricots secs, pois chiches, pois cassés)
2 c. à soupe de farine T80
2 œufs battus
2 échalotes
Persil et ciboulette
Curry doux en poudre
Sel et poivre
Huile d'olive pour la cuisson

Réduire en purée les grains cuits de légumineuses et verser dans un saladier.

Ajouter la farine, bien mélanger, incorporer les œufs, les échalotes dégermées et ciselées, le persil et la ciboulette ciselés, le curry doux, le sel et le poivre.

Malaxer, puis étaler la pâte obtenue au rouleau sur un plan de travail fariné.

Découper de petites galettes : en carré au couteau ou à l'aide d'un emporte-pièce rond, avant de les saisir dans une poêle huilée ou de les enfourner pour 10 minutes à four chaud.

Ces galettes se dégustent telles quelles ou tartinées d'une garniture (voir p. 103).

Astuce
Il est possible de découper de plus grandes galettes pour les consommer en plat principal accompagnées de salade. Il en va de même pour les falafels, les blinis ou les farçous (voir pages suivantes).

Falafels traditionnels

Dégermer et émincer les échalotes. Ciseler finement le persil et la ciboulette. Mélanger l'ensemble des ingrédients (à l'exception de l'huile d'olive), en les incorporant progressivement pour obtenir une pâte homogène.

Abaisser la pâte sur 3 à 4 mm d'épaisseur avant de découper de mini-galettes à l'aide d'un emporte-pièce rond. Saisir les falafels dans une poêle huilée ou les faire dorer 10 minutes à four chaud.

Pour 6 personnes

2 échalotes
5 branches de persil et ciboulette
500 g de purée de pois chiche
2 c. à soupe de farine T80
2 œufs battus (facultatif)
1 c. à soupe de curry doux en poudre
Sel et poivre
2 c. à soupe d'huile d'olive

Tartelettes

Préparer la pâte brisée et l'étaler. Découper des carrés ou des disques de pâte adaptés à vos moules à tartelettes ou à petits fours.

Foncer les moules et piquer les fonds de tartelette. Garnir avant ou après cuisson selon la garniture choisie.

Cuire à four chaud 15 à 20 minutes.

Pour 6 personnes

1 pâte brisée salée, voir p. 93 (ou prête à l'emploi bio)
Garniture au choix : farce aux légumes, fromages (garnitures chaudes) ou tapenade, guacamole, tzatziki, caviar de légumes (garnitures froides)

Blinis

Version légère aux flocons d'avoine

Pour 20 blinis

200 g de farine d'épeautre
4 c. à soupe de flocons d'avoine
1 c. à café de levure de boulanger déshydratée
2 verres de lait de soja (ou d'amande, ou de vache demi-écrémé)
2 œufs battus
1 pincée de sel aux herbes
Huile d'olive (pour huiler la poêle)

Dans un saladier, mélanger la farine, les flocons et la levure. Incorporer le lait, puis les œufs. Saler et rectifier.

Dans une poêle huilée et préchauffée (si possible à blinis), déposer le contenu d'une petite louche (ou 1 c. à soupe) de pâte pour chaque blini et laisser dorer 1 à 2 minutes de chaque côté. Quand les blinis gonflent légèrement et que de petites bulles apparaissent à la surface, c'est le moment de les retourner. Réserver au chaud jusqu'à les garnir.

Version express au tofu soyeux

Pour 20 blinis

250 g de tofu soyeux
70 g de farine T80
1 c. à café de levure de boulanger déshydratée
1 pincée de sel aux herbes

Mixer tous les ingrédients ensemble, puis réserver au frais pendant 30 minutes.

Pour la cuisson, procéder comme pour la recette précédente.

Version au sarrasin

Pour 20 blinis

1 c. à café de levure de boulanger déshydratée
1 verre d'eau tiède
200 g de farine de sarrasin
50 g de farine T80
2 œufs battus
1 verre de lait de soja (ou de vache demi-écrémé)
1 pincée de curry doux en poudre
1 pincée de sel
3 c. à soupe d'huile d'olive

Délayer la levure dans le verre d'eau tiède.

Dans un saladier, mélanger les farines, les œufs et la levure réhydratée. Ajouter le lait et le curry. Bien mélanger. Saler, rectifier et laisser reposer 1 heure.

Cuire les blinis comme dans les recettes précédentes. À garnir par exemple de fromage frais et de fruits à coque (fragments de cerneaux de noix, poudre de noisette, etc.).

Variantes sucrées
Pour des blinis sucrés, remplacer le sel par 1 c. à soupe de sucre de canne complet et agrémenter éventuellement de poudre de chocolat noir ou d'extrait de vanille.

Farçous aveyronnais

Pour 24 bouchées

2 feuilles de blettes
1 échalote
1 oignon
1 gousse d'ail
8 brins de persil plat
2 œufs
75 g de farine T80
1 pincée de sel
Poivre du moulin
2 tranches de pain de campagne semi-complet (environ 100 g)
2 c. à soupe d'huile d'olive

Laver les blettes et ne conserver que les feuilles. Les hacher au couteau et réserver les côtes pour un autre plat. Émincer les aulx dégermés et ciseler le persil. Mixer le tout.

Dans un saladier, battre les œufs avant d'incorporer la farine, le sel et le poivre. Bien mélanger, puis ajouter la mie du pain finement émiettée. Homogénéiser. Ajouter les blettes mixées et bien mélanger.

Dans une poêle huilée et chauffée, verser une louche de pâte verte et répartir sur toute la surface de la poêle à l'aide d'une spatule. Laisser dorer moins de 2 minutes, puis dès que le farçou devient plus consistant, le retourner comme une crêpe et laisser dorer 1 minute de l'autre côté.

Cuire les autres farçous de même avant de les couper en petits carrés ou petits disques à déguster froids comme des biscuits apéros.

Idées plus classiques...
Pour un apéro sain prêt en deux temps trois mouvements, faire griller des tranches de baguette ou de pain semi-complet. Les frotter à l'ail et les persiller façon croûtons ou bien ajouter un trait d'huile d'olive et quelques grains de sel façon bruschetta. On peut aussi utiliser divers légumes en guise de toasts à garnir : tranches de concombre, feuilles de cœur de scarole croquantes, petites feuilles d'endives, chapeaux de champignons de Paris, fonds d'artichaut, etc.

Tartinades

Pâte à tartiner aux herbes et tofu

Pour 6 personnes

1 oignon
2 gousses d'ail dégermées
Herbes aromatiques[21]
100 g de tofu nature émietté
3 c. à soupe d'huile d'olive
Sel et poivre
2 c. à soupe de lait de soja

Couper grossièrement l'oignon et les gousses d'ail avant de les mixer avec les fines herbes, le tofu, l'huile d'olive, le sel et le poivre. Ajouter la quantité de lait de soja nécessaire pour obtenir une pâte lisse onctueuse.

Variante aux fruits à coque
Ajouter 2 c. à soupe de poudre de noisette et 2 c. à soupe de cerneaux de noix broyés au pilon avant de mixer.

Pâte à tartiner aux légumes

Pour 6 personnes

2 carottes cuites
1 poireau cuit
4 brins de persil plat ciselé
1 c. à soupe de jus de citron
3 c. à soupe de lait de soja (ou de vache demi-écrémé, de tofu soyeux)
2 c. à soupe de bouillon de légumes (facultatif)

Mixer brièvement les carottes et le poireau avec le persil et le jus de citron, en ajoutant progressivement le lait et éventuellement le bouillon de légumes pour obtenir une pâte lisse. Avec le tofu soyeux, le résultat sera plus crémeux. Réserver au frais.

Variante aux fruits à coque
Ajouter 2 c. à soupe de poudre de noisette ou de pistache ou de cerneaux de noix concassés.

21 Quelques branches de persil, ciboulette, menthe et/ou feuilles de céleri-branche, d'ortie, voire 2 c. à soupe d'ortie déshydratée.

Pâté végétal forestier

Réduire les haricots en purée, émincer et rissoler les champignons 15 minutes à feu doux, dégermer et émincer l'ail et les oignons, puis piler les noix avec la coriandre, le fenouil et le gros sel. Mixer le tout brièvement pour obtenir un pâté. Réserver dans une terrine au réfrigérateur.

Variantes
Cette recette se décline avec d'autres variétés de champignons et de fruits à coque (noisettes, amandes ou pistaches) et aromates. On peut aussi supprimer les champignons et ajouter davantage de fruits à coque pour un résultat tout aussi délicieux.

Pour 6 personnes

300 g de haricots blancs cuits
100 g de champignons rosés
4 gousses d'ail
3 oignons
200 g de cerneaux de noix pilés
2 c. à café de coriandre
2 c. à café de graines de fenouil
1 pincée de gros sel non raffiné

Houmous

Réduire les pois chiches en purée, incorporer le tahin délayé dans le jus de citron, le jus des gousses d'ail, les échalotes dégermées pressées et le sel.

Bien mélanger pour obtenir une pâte lisse et onctueuse. Ajouter un peu d'eau de cuisson des pois chiches si nécessaire. Rectifier et réserver au frais.

À servir sur des canapés ou à déguster avec des dips de légumes. Traditionnellement, les Libanais le mangent avec du pain azyme.

Variante aux fruits séchés
Remplacer les aulx par 6 figues (ou pruneaux, ou raisins secs…) et 1 c. à soupe d'eau de cuisson des pois chiches.

Pour 6 personnes

400 g de pois chiches cuits
4 c. à soupe de tahin
Le jus d'1 citron
2 gousses d'ail pressées
2 échalotes dégermées pressées
1 pincée de sel

Caviar de lentilles aux noisettes

Mixer tous les ingrédients au robot, jusqu'à obtenir une purée homogène.

Rectifier éventuellement en ajoutant un peu d'huile d'olive en cours de mixage pour plus d'onctuosité.

Variantes
On peut aussi réaliser un caviar de haricots rouges aux noix, un caviar de pois chiches aux pistaches, etc.

Pour 6 personnes

100 g de lentilles vertes cuites
1 carotte cuite
2 c. à soupe de poudre de noisette
1 échalote dégermée et émincée
1 gousse d'ail dégermée et émincée
4 brins de persil plat ciselés
1 c. à soupe d'huile d'olive
1 pincée de sel

Crème fraîche parfumée

Mélanger la crème, l'aneth, les graines de fenouil et, au choix, les orties, les algues ou le tahin.

Variante
Le fromage blanc à 20 % peut très bien remplacer la crème fraîche dans cette recette gourmande.

Pour 6 personnes

12 cl de crème fraîche
1 c. à soupe d'aneth finement ciselée
1 pincée de graines de fenouil (ou 1 c. à café de cannelle en poudre)
1 c. à soupe de feuilles d'ortie séchées (ou d'algues « salade du pêcheur » ou de tahin)

Beurres parfumés

Beurre d'ortie

Pour 6 personnes

120 g de beurre doux pommade
1 c. à soupe d'huile d'olive
Le jus d'1 citron
1 oignon pressé
1 gousse d'ail pressée
1 c. à café de gomasio
1 bol de jeunes pousses d'orties fraîches (ou 2 c. à soupe de feuilles d'orties sèches réhydratées)

Dans un saladier, mélanger le beurre pommade (ramolli à température ambiante), l'huile d'olive, le jus de citron, le jus de l'oignon, le jus de la gousse d'ail et le gomasio.

Incorporer les orties finement ciselées et bien malaxer avant de beurrer canapés, blinis, croûtons, minigalettes...

Réserver au réfrigérateur.

Beurre d'algues

Pour 6 personnes

100 g de beurre demi-sel pommade
30 g d'algues « salade du pêcheur »
1 c. à soupe d'huile d'olive
1 c. à café de jus de citron

Dans un bol, mélanger le beurre pommade, les algues, l'huile d'olive et le jus de citron. Réserver au réfrigérateur

À tartiner sur des toasts ou pour accompagner les huîtres ou encore pour aromatiser plats chauds végétariens, soupes et filets de poissons.

Beurre d'ail au sésame

Pour 6 personnes

100 g de beurre doux pommade
1 c. à soupe de tahin
1 c. à soupe de gomasio
Quelques gouttes de jus de citron
4 gousses d'ail dégermées et pressées
Quelques feuilles de persil plat et tiges de ciboulette

Dans un saladier, mélanger le beurre pommade, le tahin, le gomasio, le jus de citron et d'ail, les feuilles de persil plat et la ciboulette très finement ciselée. Réserver au réfrigérateur.

Entrées

Salades à dominante de crudités ou de pâtes

Salade tricolore

Apport de protéines : 11 g (mixtes)

Préparation : 8 min

Laver et essorer batavia, trévises et endives avant de les couper.

Ajouter le roquefort émietté, les amandes et la sauce, puis mélanger.

Saupoudrer de poudre de noisette et de graines germées.

Il est possible de décliner cette recette avec d'autres variétés de salade, divers fromages et fruits à coque.

Pour 4 personnes

1 cœur de batavia

2 petites trévises (ou chicorées rouges)

2 endives

100 g de roquefort

50 g d'amandes effilées

3 c. à soupe de sauce aux noisettes (p. 83)

50 g de poudre de noisette

1 c. à soupe de fenugrec germé (ou d'alfa alfa, ou de lupin)

Choucroute végétalienne

Apport de protéines : 7 g (végétales)

Préparation : 8 min

Éplucher, épépiner et râper les pommes. Râper grossièrement le panais. Ajouter le jus de citron et mélanger.

Dans un bol, piler les cerneaux de noix, ajouter la poudre de noisette et le persil ciselé.

Mélanger le tout dans un saladier avec la choucroute et assaisonner.

Pour 4 personnes

2 pommes 'Reinette du Canada'

1 panais

Le jus d'½ citron

100 g de cerneaux de noix

60 g de poudre de noisette

4 brins de persil plat

300 g de choucroute crue

3 c. à soupe de vinaigrette à l'ortie (p. 81)

Salade automnale sucrée-salée

Apport de protéines : 9 g (mixtes)

Préparation : 8 min

Pour 4 personnes

200 g de mâche
2 endives
1 panais
1 bel oignon rouge
1 oignon blond
4 figues
1 grappe de raisin blanc
100 g de cerneaux de noix
100 g de féta
4 c. à soupe de sauce fromage blanc-roquefort (p. 86)
5 brins de persil

Laver, essorer et détailler les feuilles de mâche et d'endives. Râper le panais.

Couper les oignons en deux, les dégermer et les émincer en fines lamelles.

Couper les figues en petits morceaux. Rincer et égrainer le raisin.

Piler les cerneaux de noix, émietter la féta.

Dans un saladier, mélanger le tout, assaisonner, puis saupoudrer de persil ciselé.

Salade écarlate au chèvre et aux algues

Apport de protéines : 11 g (55 % végétales)

Préparation : 8 min

Pour 4 personnes

2 chicorées rouges
100 g de feuilles de cœur de chou rouge
1 bel oignon rouge
100 g de fromage de chèvre
100 g de pistaches décortiquées
3 c. à soupe de vinaigrette aux algues (p. 81)
20 g d'algue nori en paillettes

Détailler les feuilles de chicorée. Enlever les côtes et émincer finement les feuilles du chou rouge. Couper l'oignon rouge dégermé en arceaux, émietter le fromage de chèvre et concasser les pistaches au mortier.

Mélanger le tout délicatement, assaisonner, rectifier, puis saupoudrer de paillettes de nori.

Il est possible de décliner cette recette en variant les salades, les fromages, les fruits à coque et les algues en paillettes.

Salade de farfalles multicolore

Apport de protéines : 14 g (végétales)

Préparation : 6 min / **Confection globale :** 10 min

Faire cuire les pâtes *al dente*. Pendant la cuisson, râper les betteraves rouges, couper les carottes en volutes à l'aide d'une mandoline, ciseler les pousses d'épinard, émincer l'oignon rouge dégermé en arceaux, puis torréfier légèrement les noix de cajou à la poêle.

Mélanger le tout délicatement, assaisonner et saupoudrer de ciboulette ciselée.

Cette recette se décline en variant le type de pâtes, les légumes et les fruits à coque, ces derniers pouvant être remplacés par des œufs durs ou du fromage émietté.

Pour 4 personnes

300 g de farfalles bio colorées[22]

2 betteraves rouges

2 carottes

100 g de pousses d'épinard

1 bel oignon rouge

80 g de noix de cajou

3 c. à soupe de pistou d'amande (p. 87)

5 brins de ciboulette

22 Ces pâtes sont colorées aux pigments naturels de légumes.

Salades composées à base de graines cuites

Salade de riz aux tomates, herbes et fruits à coque

Apport de protéines : 13 g (végétales)

Préparation : 5 min / **Confection globale :** 7 min

Pour 4 personnes

1 oignon rouge
1 oignon rosé
1 tomate cœur-de-bœuf
1 tomate verte tigrée
3 brins de persil plat
3 brins de menthe
50 g d'amandes effilées
50 g de noix de cajou
300 g de riz thaï semi-complet cuit
3 c. à soupe de vinaigrette aux algues (p. 81)

Dégermer et émincer les oignons en lamelles, couper les tomates en petits dés, ciseler finement le persil et la menthe. Torréfier légèrement les amandes et les noix de cajou à la poêle.

Mélanger le tout au riz. Assaisonner.

Cette recette se décline en variant les céréales (quinoa, amarante, riz sauvage…), les légumes crus ou cuits et les fruits à coque.

Salade de tomates cerise bigarrées aux deux haricots

Apport de protéines : 19 g (végétales)

Préparation : 6 min / **Confection globale :** 25 min

Pour 4 personnes

200 g de haricots verts
24 tomates cerise (formes et couleurs variées)
1 oignon rouge
2 brins de coriandre
50 g de roquette
300 g de haricots rouges cuits
4 c. à soupe de vinaigrette (p. 81)

Cuire les haricots verts 15 à 20 minutes dans une eau légèrement salée avant de les égoutter et de les passer sous l'eau froide. Les égoutter à nouveau, puis les détailler en tronçons de 3 cm.

Couper chaque tomate cerise en deux, émincer l'oignon rouge dégermé en fines lamelles et arceaux, émincer la coriandre et hacher grossièrement la roquette.

Mélanger le tout dans un saladier avec les haricots rouges. Assaisonner.

Taboulé traditionnel libanais

Apport de protéines : 11 g (végétales)
Préparation : 15 min / **Confection globale :** 20 min / **Réfrigération :** 2 à 3 h

Pour 4 personnes

2 tomates
2 bouquets de persil plat
1 bouquet de menthe
1 oignon blond
1 oignon rouge
Sel et poivre
3 c. à soupe de jus de citron
3 c. à soupe d'huile d'olive
300 g de boulgour fin de blé cuit
1 cœur de laitue pour dresser le plat

Préparer une farce végétale (pendant la cuisson du boulgour) : couper les tomates en petits dés, ciseler le persil et la menthe, puis émincer finement les oignons.

Dans un grand saladier, dissoudre 1 pincée de sel et de poivre dans le jus de citron, délayer avec l'huile d'olive, puis ajouter la farce végétale et le boulgour. Bien mélanger, rectifier avec un peu de sel au besoin.

Réserver 2 à 3 heures au frais. Mélanger de nouveau juste avant de passer à table. Servir en portions individuelles déposées sur des feuilles de laitue.

Salade de pois chiches

Apport de protéines : 21 g (végétales)
Préparation : 5 min

Pour 4 personnes

Le cœur d'1 céleri-branche
1 oignon rouge
4 brins de persil
4 brins de menthe
400 g de pois chiches cuits
Sauce au tahin (p. 82)

Émincer les petites feuilles du cœur du céleri et l'oignon rouge dégermé en fines lamelles. Hacher grossièrement le persil et la menthe. Mélanger le tout dans un saladier.

Ajouter les pois chiches, puis assaisonner. Cette sauce au tahin apporte une petite note typique de l'houmous.

Salade de lentilles rapide

Apport de protéines : 11 g (végétales)

Préparation : 10 min

Couper les oignons en rondelles et les déposer dans un saladier. Ajouter le vinaigre, le sel et le cumin. Laisser reposer pour que les saveurs se développent.

Ajouter ensuite les lentilles et la coriandre finement émincée. Mélanger le tout. Il est possible d'ajouter des olives.

Pour 4 personnes

2 oignons
2 c. à soupe de vinaigre de riz (ou de cidre)
1 pincée de sel
2 c. à café de cumin en poudre
400 g de lentilles cuites
2 c. à café de coriandre (ou de persil)
1 tasse d'olives (facultatif)

Salade de pois frais

Apport de protéines : 11 g (végétales)

Préparation : 8 min / **Confection globale :** 25 min

Équeuter les pois gourmands et écosser les petits pois. Les cuire 20 minutes dans une eau légèrement salée. Cuire de même, mais séparément, les carottes débitées en bâtonnets.

Durant la cuisson des légumes, débiter les tomates en dés, émincer le poivron, le persil et les feuilles de menthe, puis torréfier légèrement les pignons et les amandes à la poêle.

Égoutter les pois et les carottes, les passer sous l'eau froide et égoutter à nouveau.

Mélanger tous les ingrédients dans un saladier, assaisonner.

Pour 4 personnes

150 g de pois gourmands
300 g de petits pois frais
3 carottes
2 tomates
½ poivron jaune
3 brins de persil plat
3 branches de menthe
50 g de pignons
50 g d'amandes effilées
Sauce aux noisettes (p. 83)

Soupe de légumes aux vermicelles

Apport de protéines : 6 g (végétales)

Préparation : 10 min / **Confection globale :** 35 min

Pour 4 personnes

4 pommes de terre 'Charlotte'
1 panais
3 carottes
2 poireaux
2 oignons
2 échalotes
2 gousses d'ail
1 branche de céleri
1,5 l d'eau
1 c. à soupe de fines herbes de Provence
Gros sel et poivre
½ bol de vermicelles de blé semi-complets (ou de soja)
2 c. à soupe d'une sauce béchamel végétale au choix (p. 85)
1 c. à soupe de levure maltée

Laver les légumes. Éplucher les pommes de terre et le panais.

Pour une soupe non mixée, couper les carottes en rondelles et bâtonnets, les poireaux en rondelles et petites volutes, les pommes de terre en dés, le panais en rondelles et biseaux, puis émincer les aulx dégermés et la branche de céleri. Pour une soupe mixée, se contenter de détailler les légumes grossièrement.

Disposer tous les légumes dans un faitout, verser l'eau, ajouter les fines herbes, saler et poivrer légèrement. Amener au point d'ébullition, puis réduire le feu et laisser mijoter 15 minutes à couvert.

Mixer éventuellement et ajouter progressivement les vermicelles en pluie tout en mélangeant. Laisser mijoter encore 5 minutes, rectifier et ajouter éventuellement la sauce béchamel. Chacun peut saupoudrer son assiette de levure maltée.

Variante aux céréales ou aux légumineuses

Les vermicelles peuvent être remplacés par 100 g de céréales ou de légumineuses à ajouter en fin de cuisson s'ils sont déjà cuits ou 5-10 minutes avant la fin s'ils sont en flocons. L'ensemble peut être mixé pour obtenir un consommé moelleux. L'apport de protéines par personne sera alors de 9 g avec une céréale et 12 g avec une légumineuse. Les légumes peuvent aussi varier selon les saisons.

Soupe de pois cassés

Apport de protéines : 11 g (végétales)
Préparation : 15 min / **Confection globale :** 50 min

Pour 4 personnes

200 g de pois cassés
50 à 75 cl d'eau
1 belle pincée de sarriette
1 gousse d'ail
1 cube de bouillon de légumes
2 c. à café de cumin
1 c. à café de piment
1 oignon
2 tomates séchées
200 g de courge
Quelques feuilles de coriandre
Sel

Faire tremper les pois cassés toute la nuit. Égoutter et cuire 30 minutes à petit feu avec l'eau, la sarriette, la gousse d'ail et le cube de bouillon.

Pendant ce temps, faire chauffer les épices dans un faitout, puis ajouter l'oignon haché, les tomates séchées en dés, la courge en petits dés et un verre de bouillon. Porter à ébullition. Laisser cuire 15 minutes à feu doux.

Égoutter les pois cassés avant de les écraser à la fourchette. Les ajouter dans le faitout, saler, puis verser le reste du bouillon. Laisser mijoter 10 minutes. Ajouter la coriandre émincée avant de servir.

Important
Ne pas négliger les pois cassés, cette légumineuse qui se prête si bien aux soupes, est très facile à préparer et très économique.

Soupe aux pois cassés (variante)

Apport de protéines : 11 g (végétales)
Préparation : 20 min / **Confection globale :** 50 min

Pour 4 personnes

200 g de pois cassés
2 carottes
1 poireau
1 feuille de laurier
3 gousses d'ail
Sel
1 c. à soupe d'huile d'olive
1 c. à soupe de piment d'Espelette
1 c. à soupe de cumin en poudre
Pain semi-complet rassis

Cuire les pois cassés comme dans la recette précédente. Couper les carottes et le poireau en petits cubes. Les ajouter aux pois avec le laurier. Laisser cuire 20 minutes.

Couper l'ail finement, puis l'écraser avec le sel et l'huile avant d'ajouter le piment d'Espelette. Réserver.

Égoutter et mixer la moitié des pois. Mélanger les pois mixés et les pois réservés. Ajouter l'ail écrasé et le cumin. Servir avec des croûtons frottés à l'ail.

Soupe de pois chiches

Apport de protéines : 10 g (végétales)
Préparation : 10 min / **Confection globale :** 25 min

Faire fondre les oignons hachés et l'ail écrasé avec le cumin et le piment. Saler et poivrer. Ajouter le bouillon, les pommes de terre en dés et les pois chiches. Porter à l'ébullition et laisser mijoter 10 minutes.

Dissoudre l'arrow-root dans un peu d'eau, ajouter le tahin et la crème et les incorporer à la soupe avec les épinards hachés. Laisser cuire 5 minutes à feu minimum.

Vérifier l'assaisonnement et servir la soupe bien relevée.

Pour 4 personnes

2 oignons
5 gousses d'ail
1 c. à soupe de cumin en poudre
1 c. à thé de piment
Sel et poivre
75 cl de bouillon de légumes (1 cube)
2 pommes de terre
200 g de pois chiches cuits
2 c. à soupe d'arrow-root
2 c. à soupe de tahin
2 c. à soupe de crème de soja
300 g d'épinards

Soupe aux pois chiches et aux tomates

Apport de protéines : 8 g (végétales)
Préparation : 15 min / **Confection globale :** 35 min

Émincer les légumes et les faire revenir dans l'ordre suivant : oignons, poivrons, courgettes. Peler et couper les tomates.

Dans un faitout, faire rapidement revenir les épices à feu doux. Ajouter les légumes, les pois chiches, les tomates et la coriandre. Saler, mélanger, puis recouvrir d'eau chaude et laisser mijoter 20 minutes en rajoutant de l'eau si nécessaire pour maintenir le niveau.

Pour 4 personnes

2 oignons
2 poivrons
2 courgettes
4 tomates
1 c. à soupe de graines de cumin
2 c. à café de cannelle en poudre
2 c. à café de mélange 4 épices
1 piment doux émincé
300 g de pois chiches cuits
Quelques feuilles de coriandre
Sel

Soupe d'automne

Apport de protéines : 13,5 g (végétales)
Préparation : 15 min / **Confection globale :** 30 min

Faire revenir les oignons hachés, ajouter les navets, les carottes et le chou-rave coupés en dés, puis les tomates hachées, la sarriette, les piments émincés et les haricots. Saler et poivrer. Mouiller avec l'eau et laisser mijoter 20 minutes à feu doux.

Faire cuire les pâtes *al dente* et les incorporer. Servir cette soupe économique et équilibrée parsemée de persil haché.

Pour 4 personnes

2 oignons
3 navets
3 carottes
1 petit chou-rave
4 tomates
1 c. à soupe de sarriette
Quelques piments séchés
200 g de haricots rouges cuits
Sel et poivre
¾ de litre d'eau
200 g de pâtes complètes ou semi-complètes
1 petit bouquet de persil

Soupe toscane

Apport de protéines : 18 g (80 % végétales)
Préparation : 15 min / **Confection globale :** 30 min

Verser 1 c. à soupe d'huile dans la casserole et faire fondre l'oignon et les poireaux hachés, la pomme de terre en dés et une gousse d'ail émincée. Saler, couvrir d'eau, incorporer les haricots et le chou émincé. Laisser cuire 15 à 20 minutes. Mixer seulement la moitié de la soupe, puis l'incorporer à l'autre moitié pour conserver des légumes en morceaux.

Faire griller les tranches de pain, les arroser d'huile d'olive et frotter les deux faces avec les deux gousses d'ail restantes.

Verser la soupe dans les assiettes, parsemer de copeaux de parmesan et déposer une tranche de pain dans chaque assiette. Cette soupe, qui constitue un repas complet, réchauffera vos soirées d'hiver.

Pour 4 personnes

3 c. à soupe d'huile d'olive
1 oignon
2 poireaux
1 pomme de terre
3 gousses d'ail
Sel
300 g de haricots secs cuits
½ chou de Milan
4 tranches de pain de campagne
60 g de parmesan

Ribollita

Apport de protéines : 13,5 g (végétales)

Préparation : 10 min / **Confection globale :** 35 min

Faire revenir à feu doux le fenouil et le céleri émincés avec les courgettes coupées en cubes, puis incorporer le pesto, les haricots et le chou émincé. Verser l'eau, saler, poivrer et porter à ébullition. Laisser mijoter 25 minutes. Servir cette soupe typiquement toscane en ajoutant un filet d'huile d'olive et quelques copeaux de parmesan.

Bon à savoir

Cette soupe rustique et consistante est idéale pour un repas complet et économique. Les légumes peuvent varier au fil des saisons (bettes, tomates, haricots verts, etc. en été).

Pour 4 personnes

1 fenouil
2 branches de céleri
2 courgettes
4 c. à soupe de pesto *(p. 88)*
400 g de haricots secs borlotti cuits
¼ de chou vert frisé
50 cl à 1 l d'eau
Sel et poivre
Huile d'olive
60 g de copeaux de parmesan

Velouté blanc coco-noisette

Apport de protéines : 7 g (végétales)

Préparation : 8 min / **Confection globale :** 38 min

Pour 4 personnes

1 chou-fleur moyen
1 panais
1 petit céleri-rave
2 oignons
1 gousse d'ail
2 c. à soupe d'huile d'olive
25 cl de lait de coco
1,25 l d'eau
Gros sel
50 g de noix de coco râpée
100 g de noisettes (ou autre fruit à coque)
1 c. à soupe de ciboulette ciselée

Détailler les fleurettes du chou-fleur, couper le panais en rondelles, le céleri-rave en petits dés, puis émincer les aulx dégermés.

Dans un faitout, braiser ces légumes à l'étouffée (voir p. 79) avec l'huile d'olive durant 5 minutes. Verser le lait de coco et laisser mijoter 10 minutes.

Chauffer l'eau dans une casserole avec 1 pincée de gros sel. Verser dans le faitout.

Ajouter l'eau légèrement salée et chauffée séparément, bien mélanger, amener au point d'ébullition, puis réduire à feu doux et laisser mijoter à couvert 15 minutes.

Mélanger la noix de coco râpée et les noisettes concassées. Dorer 2 minutes à sec dans une poêle. Réserver un quart du mélange et verser le reste dans la soupe. Mixer pour obtenir un velouté homogène.

Saupoudrer chaque assiette de ciboulette et du reste de coco-noisette.

Velouté de lentilles, tomates et carottes

Apport de protéines : 20 g (végétales)
Préparation : 6 min / **Confection globale :** 35 min

Pour 4 personnes

2 oignons
2 gousses d'ail
Le cœur d'1 céleri-branche
2 carottes
1 c. à café de cumin en poudre
1,5 l d'eau
300 g de lentilles corail
Sel et poivre
3 c. à soupe de concentré de tomate
2 tranches de pain de campagne
2 c. à soupe d'huile d'olive

Dans un faitout huilé, faire revenir les oignons et une gousse d'ail dégermés, puis émincés.

Ajouter le cœur de céleri émincé, les carottes coupées en rondelles et le cumin, puis laisser mijoter 5 minutes à couvert.

Ajouter l'eau et les lentilles, amener au point d'ébullition, puis réduire à feu doux et laisser mijoter 20 minutes à couvert. Saler, poivrer. Lorsque les lentilles commencent à se défaire, ajouter le concentré de tomate et mixer le tout pour obtenir un velouté homogène. Laisser mijoter 5 minutes supplémentaires. Servir accompagné de croûtons de pain de campagne grillés, frottés avec la gousse d'ail restante et badigeonnés d'huile d'olive.

Soupe aux orties

Apport de protéines : 4 g (végétales)
Préparation : 6 min / **Confection globale :** 30 min

Pour 4 personnes

1 oignon
1 échalote
1 gousse d'ail
½ saladier de jeunes pousses d'ortie (ou 20 g de feuilles à réhydrater)
6 pommes de terre
1,5 l d'eau
Gros sel marin
3 c. à soupe de crème fraîche

Dans une cocotte huilée, faire fondre les aulx dégermés et émincés à feu doux.

Ciseler grossièrement les feuilles d'ortie. En réserver 4 pincées pour la décoration.

Éplucher les pommes de terre et les débiter en morceaux.

Cuire le tout 20 minutes à feu moyen et à couvert dans la cocotte, en ajoutant l'eau légèrement salée. Ajouter la crème fraîche et mixer ; rectifier.

Servir en saupoudrant chaque assiette de feuilles d'ortie ciselées.

Soupes d'algues au miso et petits légumes

Apport de protéines : 4 g (végétales) ou 9 g (variante à l'œuf)
Préparation : 5 min / **Confection globale :** 20 min

Pour 4 personnes

1 carotte
1 blanc de poireau
1 petit brocoli
1 oignon
2 branches de persil
1 l d'eau
1 verre (12,5 cl) d'algues « salade du pêcheur »
2 c. à soupe de miso de riz
2 œufs (facultatif)

Couper la carotte et le blanc de poireau en rondelles, détailler les fleurettes du brocoli, émincer l'oignon dégermé et le persil.

Chauffer l'eau, y répandre les paillettes d'algues, puis ajouter les légumes. Amener au point d'ébullition, puis réduire à feu doux et laisser mijoter 10 minutes à couvert.

Délayer le miso de riz dans une louche de bouillon, puis l'incorporer à la soupe et laisser mijoter encore 3 minutes (attention : le miso ne doit pas bouillir). Ajouter éventuellement les deux œufs battus.

Servir cette soupe d'algues parsemée de quelques feuilles de persil.

Gaspacho rouge

Apport de protéines : 7 g (végétales)

Confection globale : 12 min / **Réfrigération :** 2 h

Pour 4 personnes

800 g de tomates bien mûres
1 poivron rouge
1 poivron jaune
1 belle feuille de blette rouge (ou 1 betterave rouge)
1 gros oignon rouge
1 gousse d'ail
4 tranches de pain de campagne rassis
20 g de levure maltée
1 c. à soupe de coriandre fraîche ciselée
4 c. à soupe d'huile d'olive
2 c. à soupe de vinaigre de vin rouge
1 pincée de sel fin
1 pincée de piment d'Espelette
Concentré de tomate (facultatif)

Couper les tomates en dés, épépiner les poivrons et les couper en morceaux, hacher grossièrement la feuille de bette sans la côte (ou éplucher et couper la betterave en dés), dégermer et émincer les aulx. Émietter le pain.

Pour la décoration, couper quelques légumes plus finement, ajouter la levure maltée et la coriandre ciselée, mélanger et réserver.

Mixer les légumes avec le pain, l'huile d'olive, le vinaigre, le sel et le piment d'Espelette, jusqu'à obtenir une préparation onctueuse. Pour la rendre plus liquide, ajouter un peu d'eau, mélanger, goûter et rectifier (sel, concentré de tomate). Mixer à nouveau brièvement pour obtenir une texture homogène.

Réserver 2 heures au réfrigérateur. Servir très frais, saupoudré de préparation décorative.

Variante gaspacho vert

Remplacer simplement les tomates par un beau concombre à brosser, égrainer et couper en morceaux, la feuille de blette rouge par une feuille de blette verte et l'oignon rouge par un oignon jaune.

Pâtes et pâtés végétaux à tartiner

Les différentes recettes de base (p. 103) peuvent convenir pour l'entrée d'un repas, servies en plus grande quantité sur une tranche de pain de campagne. Accompagnées de salade, elles peuvent même constituer un petit repas équilibré. Le beurre, utilisé dans certaines recettes, peut être remplacé par du *ghee* (beurre clarifié plus diététique) au goût de noisette.

Plats principaux végétaliens

Galettes de légumineuses

Les galettes apéritives (p. 98) peuvent être servies entières en plat principal, accompagnées de salade.

Palets de céleri aux pistaches

Apport de protéines : 13 g (végétales)

Préparation : 5 min / **Confection globale :** 50 min

Pour 4 personnes

1 beau céleri-rave

300 g de tofu soyeux

100 g de pistaches concassées

1 c. à café de cumin en poudre

Sel

3 c. à soupe de pistou de tofu soyeux à la pistache (p. 87)

Éplucher et couper le céleri-rave en dés, avant de le cuire 15 minutes dans un peu d'eau légèrement salée. Égoutter, puis mixer au blender avec le tofu, les pistaches, le cumin et le sel pour obtenir une pâte homogène.

Répartir cette pâte en galettes dans des cercles à pâtisserie de 10 cm de diamètre disposés sur une plaque, puis enfourner à chaud pour 30 minutes.

Servir les palets encore chauds ou froids, accompagnés d'une salade assaisonnée avec le pistou.

Cette recette peut se décliner en variant les légumes, les fruits à coque et les pestos assortis.

Pâtissons et courgettes farcis

Apport de protéines : 18 g (végétales)

Préparation : 10 min / **Confection globale :** 35 min

Pour 4 personnes

4 pâtissons
2 courgettes vertes rondes
2 courgettes jaunes rondes
1 échalote
1 gousse d'ail
2 c. à soupe d'huile d'olive
1 branche de céleri
200 g de haricots blancs cuits
100 g de cerneaux de noix

Avec un grand couteau bien affûté, couper le chapeau des pâtissons et des courgettes (côté pédoncule), avant de les évider en conservant ½ cm d'épaisseur de chair sur les bords. Réserver la chair.

Faire revenir les aulx dégermés et émincés avec l'huile d'olive, puis ajouter le céleri émincé et la chair des légumes évidés. Bien mélanger, laisser mijoter 2 minutes.

Ajouter les haricots réduits en purée et les cerneaux de noix concassés, mélanger.

Laisser refroidir la farce avant de remplir pâtissons et courgettes. Replacer les chapeaux et disposer les légumes dans un plat allant au four en versant un peu d'eau au fond. Enfourner 20 minutes à 150 °C ; Servir avec une salade.

Variantes

Varier les légumes à farcir (courgettes longues, aubergines, poivrons, tomates, etc.). Toutes les légumineuses conviennent pour des **farces végétaliennes**, notamment le tofu et le tempeh émiettés, mais aussi les céréales. La noix peut être remplacée par un autre fruit à coque concassé ou en poudre. Pour une **farce végétarienne**, le fruit à coque peut être remplacé par un fromage râpé ou frais avec un apport plus important en protéines.

Tempeh aux champignons coco

Apport de protéines : 20 g (végétales)

Préparation : 10 min / **Confection globale :** 18 min

Pour 4 personnes

300 g de tempeh
4 c. à soupe d'huile d'olive
4 brins de persil
50 g de noix de coco râpée
2 oignons
2 gousses d'ail
200 g de cèpes (ou champignons rosés)
25 cl de lait de coco
1 c. à soupe de garam massala

Couper le tempeh en cubes (3 cm de côté) avant de le faire revenir 5 minutes avec 2 c. à soupe d'huile d'olive. Remuer régulièrement jusqu'à ce qu'il devienne croustillant. Réserver sur un papier absorbant.

Mélanger le persil émincé avec la noix de coco, réserver.

Verser l'huile d'olive restante dans la poêle. Faire revenir les aulx dégermés et émincés pendant 2 minutes, puis ajouter les champignons grossièrement émincés, mélanger.

Laisser mijoter 5 minutes à couvert, puis ajouter le lait de coco tiédi et aromatisé au garam massala. Laisser mijoter à nouveau 5 minutes, puis ajouter les cubes de tempeh 2 minutes avant la fin de cuisson. Bien mélanger.

Servir chaud, saupoudré du mélange persil-coco et accompagné d'une salade verte assaisonnée au soja.

Galettes aux flocons de pois chiches

Apport de protéines : 11 g (végétales)

Préparation : 8 min / **Confection globale :** 12 min

Pour 4 personnes

1 bol de flocons de pois chiches

1 bol de lait de soja (ou de vache demi-écrémé)

5 brins de ciboulette et de persil plat

2 belles pommes de terre 'Charlotte'

1 pincée de curry doux

Sel fin

2 c. à soupe d'huile d'olive

4 c. à soupe de vinaigrette à l'ortie (ou aux algues) (p. 81)

Faire tremper les flocons dans le lait pendant 2 minutes, puis égoutter.

Ciseler la ciboulette et le persil. Éplucher, puis râper les pommes de terre au-dessus d'un saladier, ajouter les flocons, les fines herbes ciselées et le curry. Saler et mélanger.

Former de petites galettes à l'aide de cercles à pâtisserie avant de les saisir dans une poêle huilée. Les retourner plusieurs fois, jusqu'à ce qu'elles soient dorées et croustillantes, puis servir avec une salade verte assaisonnée.

Variantes

Décliner cette recette en variant les flocons de légumineuses ou en les remplaçant par des flocons de céréales. Il est possible d'ajouter 1 ou 2 œufs battus. On obtient dans ce cas un plat végétarien plus riche en protéines.

Lentilles marines

Apport de protéines : 23 g (végétales)

Préparation : 6 min / **Confection globale :** 35 min

Pour 4 personnes

50 g de spaghettis de mer frais

100 g de spaghettis de blé semi-complets

300 g de lentilles vertes

10 cm d'algue kombu

2 oignons

2 c. à soupe d'huile d'olive

3 carottes

Gros sel marin

1 c. à soupe de dulce rouge en paillettes

Faire tremper les spaghettis de mer pendant 2 heures avant de les couper en morceaux de 3 à 4 cm. Casser les spaghettis de blé, réserver.

Mettre les lentilles à cuire dans deux volumes d'eau froide avec l'algue kombu (p. 78). Pendant ce temps, faire revenir les oignons dégermés et émincés avec l'huile d'olive, puis ajouter les carottes coupées en rondelles et petits bâtonnets, ainsi que les spaghettis de mer. Laisser mijoter 10 minutes à petit feu à couvert, puis les ajouter aux lentilles en cours de cuisson (au bout de 20 minutes). Saler légèrement l'eau et ajouter les spaghettis de blé, jusqu'à ce qu'ils soient *al dente*.

Égoutter, verser dans un plat et saupoudrer de dulce rouge en paillettes.

Accompagner ce plat d'une salade assaisonnée avec une vinaigrette aux algues (p. 81).

Bon à savoir !

Les algues font bon ménage avec les légumineuses ! À défaut d'algues fraîches – les spaghettis de mer se récoltent au bas de l'estran – on peut avoir recours à leurs conditionnements déshydratés.

Socca

Apport de protéines : 16 g (végétales)

Préparation : 15 min / **Confection globale :** 30 min

Pour 4 personnes

300 g de farine de pois chiche
2 c. à café de sel
1 c. à soupe de romarin
1 c. à soupe de baies de genièvre
1 c. à soupe de paprika
1 c. à café de piment d'Espelette
Huile d'olive

Délayer la farine avec de l'eau, jusqu'à obtenir une consistance de pâte à crêpe épaisse. Saler, puis déposer le récipient dans un endroit chaud (près d'un radiateur, par exemple) et couvrir avec un torchon propre et épais pour éviter toute déperdition de chaleur. Laisser fermenter 12 à 24 heures. La pâte doit avoir légèrement gonflé et dégager une bonne odeur de levain. Elle doit être fluide, un peu plus épaisse qu'une pâte à crêpe. Ajouter un peu d'eau si besoin.

Ajouter le romarin très finement coupé, les baies de genièvre écrasées et les épices. Mélanger.

Étaler la pâte sur 5 cm d'épaisseur dans un plat à four huilé et cuire 20 minutes à 200 °C. On peut aussi cuire la socca à la poêle. Ce plat, très populaire dans la région de Nice, est vendu dans la rue.

Croquettes de pois cassés aux noix de cajou

Apport de protéines : 17 g (végétales)

Préparation : 20 min / **Confection globale :** 40 min

Pour 4 personnes

125 g de noix de cajou
3 gros oignons
1 c. à soupe de thym
Sel
3 c. à soupe d'arrow-root
1 c. à soupe de paprika
1 c. à soupe de tamari
200 g de pois cassés

Faire légèrement griller les noix à la poêle et les hacher grossièrement. Faire suer les oignons dans l'huile après les avoir émincés. Ajouter le thym et le sel. Délayer l'arrow-root et le paprika dans 2 c. à soupe d'eau.

Mélanger noix, oignons et arrow-root avec le tamari et les pois cassés.

Déposer de petits tas de préparation dans la poêle huilée, aplatir à l'aide d'une spatule, puis laisser dorer les croquettes quelques minutes de chaque côté.

Gratin de verdure aux pois chiches

Apport de protéines : 20 g (végétales)

Préparation : 20 min / **Confection globale :** 55 min

Pour 4 personnes

3 tomates
2 c. à soupe d'huile d'olive
2 gousses d'ail
2 c. à soupe de romarin
100 g d'amandes concassées
3 c. à café de miso
800 g d'épinards (ou de blettes, ou autre verdure)
Sel
1 noix de muscade râpée
500 g de pois chiches cuits
50 g de crème d'avoine
3 c. à café de curcuma
3 c. à café de cumin en poudre
Chapelure

Éplucher et concasser les tomates. Chauffer l'huile dans une poêle et faire revenir l'ail écrasé, le romarin finement haché, les amandes et le miso. Ajouter les tomates à feu doux, puis les épinards et enfin le sel et la muscade.

Mixer les pois chiches grossièrement avec la crème d'avoine, le curcuma et le cumin.

Graisser un plat à four. Tapisser le fond d'une couche d'épinards, recouvrir d'une couche de pois chiches et napper de sauce tomate. Ajouter trois couches supplémentaires, puis arroser d'huile, saupoudrer de chapelure et faire gratiner 15 minutes à 200 °C.

Lentilles à la grecque

Apport de protéines : 16 g (végétales)

Préparation : 10 min / **Confection globale :** 40 min

Pour 4 personnes

500 g de tomates
1 oignon rouge
2 gousses d'ail
3 feuilles de laurier
250 g de lentilles
½ l d'eau
3 c. à soupe d'huile d'olive
Sel et poivre
1 c. à soupe de vinaigre de vin

Réduire les tomates en purée. Verser dans une casserole à fond épais avec l'oignon et l'ail finement hachés, ainsi que les feuilles de laurier. Porter à ébullition à feu doux, puis ajouter les lentilles, l'eau et l'huile d'olive.

Laisser mijoter jusqu'à ce que les lentilles soient cuites (25-30 minutes), puis stopper le feu, enlever les feuilles de laurier, saler, poivrer et ajouter le vinaigre. Servir avec des croûtons.

Plats principaux végétariens

Galettes de haricots rouges

Apport de protéines : 22 g (83 % végétales)

Préparation : 8 min / **Confection globale :** 18 min

Pour 4 personnes

300 g de haricots rouges cuits (ou en bocal)
2 c. à soupe de farine T80
2 œufs
1 oignon
1 gousse d'ail
2 brins de persil
4 brins de ciboulette
1 pincée de piment d'Espelette
1 pincée de sel

Réduire les haricots en purée. Dans un saladier, les mélanger à la farine, puis ajouter les œufs battus, les aulx dégermés et ciselés, le persil et la ciboulette ciselés, le piment d'Espelette et le sel. Bien malaxer.

À l'aide d'un rouleau, étaler la pâte obtenue sur un plan fariné sur 1 cm d'épaisseur. Découper 4 galettes à l'aide de cercles à pâtisserie (10 cm de diamètre) et les cuire 10 minutes à four chaud.

Servir avec une salade assaisonnée de sauce au tahin (voir p. 82).

Variantes

Cette recette se décline avec d'autres variétés de haricots secs, mais aussi des lentilles ou des pois chiches. Ces galettes peuvent être sans œufs ni farine, saisies et dorées dans une poêle.

Tarte au potimarron et aux amandes

Apport de protéines : 13 g (85 % végétales)

Préparation : 15 min / **Confection globale :** 45 min

Pour 4 personnes

600 g de potimarron
1 bâton de cannelle
1 gousse de vanille
150 g d'amandes
1 zeste d'orange (ou de mandarine)
250 g de pâte à tarte
Sel

Cuire le potimarron 15 minutes dans 10 cl d'eau avec la cannelle et la vanille. Le réduire en purée. Ajouter les amandes mixées en poudre, ainsi que le zeste.

Abaisser la pâte, foncer une tourtière et répartir la purée sur le fond de tarte. Cuire 35 minutes à four moyen. Il est possible de réserver quelques bandes de pâte pour réaliser un quadrillage décoratif.

Tourte aux blettes

Apport de protéines : 14 g (93 % végétales)

Préparation : 15 min / **Confection globale :** 45 min

Pour 4 personnes

1 c. à soupe de raisins secs
3 pommes
500 g de blettes
150 g de pignons
1 zeste de citron
1 pincée de sel
300 g de pâte à tarte brisée (p. 93)
1 jaune d'œuf

Faire tremper les raisins secs pendant 2 heures. Couper les pommes en fines tranches. Ébouillanter les blettes, puis exprimer l'eau en les pressant entre les mains avant de les hacher. Les déposer dans un saladier avec les raisins, les pommes, les pignons, le zeste de citron et le sel. Bien mélanger.

Abaisser les deux-tiers de la pâte avec un rouleau, foncer un moule à tarte et ajouter la garniture. Abaisser le reste de pâte sur quelques millimètres d'épaisseur pour recouvrir la tarte. Pincer les bords.

Délayer le jaune d'œuf avec 1 c. à soupe d'eau, badigeonner le dessus de la tourte et enfourner à température moyenne pour 35 minutes.

Tempeh pané

Apport de protéines : 26 g (90 % végétales)

Préparation : 10 min / **Confection globale :** 20 min

Pour 4 personnes

400 g de tempeh
4 c. à soupe de farine T80
2 œufs
1 c. à soupe de lait de soja
2 c. à soupe de noix de coco râpée
1 pincée de sel

Couper des tranches épaisses de tempeh avant de les enrober de farine (mélangée à la pincée de sel). Les tremper dans un mélange œufs + lait, puis recouvrir de noix de coco.

Faire chauffer une poêle huilée, déposer les tranches de tempeh et laisser dorer à feu doux. Retourner pour griller l'autre face.

Accompagner d'une salade.

Terrine de tempeh aux aubergines

Apport de protéines : 24,5 g (82 % végétales)
Préparation : 20 min / **Confection globale :** 50 min

Pour 4 personnes

3 aubergines
Thym effeuillé
3 oignons
2 c. à soupe d'huile d'olive.
400 g de tempeh
1 c. à soupe d'arrow-root
10 cl de lait de coco
2 œufs
Quelques feuilles de laurier
Sel

Préchauffer le four à 180 °C et enfourner les aubergines entières. Lorsque la peau est grillée, les sortir et les éplucher. Recueillir la chair dans un bol. Saler et ajouter le thym.

Cuire les oignons émincés à l'étouffée avec l'huile d'olive et le sel, jusqu'à ce qu'ils deviennent fondants. Incorporer aux aubergines.

Mixer le tempeh coupé en morceaux avec l'arrow-root, le lait de coco et les œufs, afin d'obtenir une purée compacte.

Graisser une terrine et la tapisser de feuilles de laurier. Déposer une couche de purée de tempeh au fond et une couche de compotée d'aubergines par-dessus. Renouveler l'opération. Terminer par une couche de tempeh. Cuire 30 minutes à four moyen.

Galettes de lentilles aux noix

Apport de protéines : 16 g (87 % végétales)
Préparation : 20 min / **Confection globale :** 50 min

Pour 4 personnes

125 g de lentilles
1 c. à soupe de thym
2 feuilles de laurier
1 carotte
4 c. à café de graines de cumin
1 oignon
4 c. à café de curcuma
3 branches de céleri
1 œuf
4 c. à café de curry
Quelques brins de persil
150 g de noix
2 c. à soupe d'huile d'olive
Sel

Cuire les lentilles avec le thym et le laurier.

Râper la carotte, ajouter le cumin, mélanger. Émincer l'oignon, ajouter le curcuma, mélanger. Hacher finement le céleri-branche. Battre l'œuf avec le curry. Hacher le persil. Hacher les noix après les avoir légèrement grillées. Écraser les lentilles à la fourchette. Réunir le tout. Rectifier l'assaisonnement si nécessaire. Laisser reposer 1 heure au frais.

Dans une poêle huilée, déposer une couche de préparation d'environ 1 cm d'épaisseur. Tasser et laisser cuire quelques minutes, puis démouler sur une assiette et remettre dans la poêle pour cuire l'autre face.

Tarte aux blettes, noisettes et pistaches

Apport de protéines : 22 g (75 % végétales)

Préparation : 15 min / **Confection globale :** 1 h

Pour 4 personnes

Pâte

1 pâte brisée (p. 93)

Appareil

2 œufs entiers

¼ l de lait de soja (ou d'avoine, ou lait de vache demi-écrémé)

50 g de farine T80 (ou 1 c. à café d'arrow-root)

1 c. à café de curry doux

1 c. à café de noix de muscade râpée

1 c. à café de sel

Garniture

3 c. à soupe d'huile d'olive

2 oignons

2 échalotes

200 g de champignons de Paris

600 g de blettes entières

50 g de pistaches

50 g de noisettes

Accompagnement

1 batavia

2 à 3 c. à soupe de pistou de tofu aux noix (p. 87)

Confectionner la pâte brisée. Pendant qu'elle repose, préparer l'appareil de la tarte : battre les œufs avec le lait, la farine, le curry, la noix de muscade et le sel.

Émincer les aulx dégermés et les champignons. Ôter les côtes des feuilles de blettes et les couper en biseaux d'environ 2 cm de longueur. Hacher grossièrement les limbes au couteau.

Dans une poêle huilée, faire revenir les aulx et les champignons durant 5 minutes, puis ajouter les côtes des blettes et cuire le tout 10 minutes braisé à l'étouffée (p. 79). Ajouter les limbes hachés et prolonger la cuisson de 5 minutes ;

Torréfier légèrement à sec les pistaches et les noisettes concassées au mortier. Réserver.

Foncer un moule à tarte, répartir les légumes braisés sur le fond de tarte, ajouter l'appareil (œuf + lait...) et parsemer de pistaches et noisettes torréfiées. Tasser avec le dos d'une spatule en bois et cuire 30 minutes à four chaud. Servir avec la batavia assaisonnée.

Galettes de farçous aveyronnais aux blettes et aux noix

Apport de protéines : 20 g (60 % végétales)

Préparation : 10 min / **Confection globale :** 35 min

Pour 4 personnes

4 belles feuilles de blettes vertes
10 brins de persil plat
2 échalotes
2 oignons
2 gousses d'ail
4 tranches de pain de campagne semi-complet
100 g de noix
4 c. à soupe d'huile d'olive
120 g de farine T80
4 œufs
1 pincée de sel
1 pincée de poivre
4 petites feuilles de blettes jaunes (ou rouges)

Rincer les feuilles de blettes vertes, séparer les côtes des limbes. Obtenir une farce végétale en mixant ensemble les limbes grossièrement hachés au couteau, le persil et la moitié des aulx dégermés.

Émietter finement les tranches de pain, concasser les noix au mortier, réserver.

Débiter les côtes de blettes en morceaux de 3 à 4 cm avant de les cuire 10 minutes dans une eau légèrement salée. Égoutter, éponger dans un papier absorbant et faire revenir 2 minutes à l'huile d'olive avec les aulx restants. Ajouter les noix, bien mélanger et réserver à couvert.

Pendant la cuisson des côtes, mélanger la farine et les œufs battus dans un saladier avec le sel et le poivre. Ajouter la farce végétale et le pain émietté. Bien homogénéiser.

Dans une poêle huilée préchauffée, cuire les farçous successivement. Déposer et étaler une louchée de pâte verte à l'aide d'une spatule, laisser dorer moins de 2 minutes. Dès que le farçou gagne en consistance, le retourner comme une crêpe. Laisser dorer à nouveau 1 minute et réserver. Cuire les autres farçous de même (au moins 4).

Réchauffer les farçous à la poêle juste avant de déguster. Servir accompagné des côtes de blettes aux noix servies sur les petites feuilles de blettes jaunes ou rouges.

Terrine de céleri à la pistache

Apport de protéines : 14 g (75 % végétales)
Préparation : 8 min / **Confection globale :** 40 min

Pour 4 personnes

1 céleri-rave moyen
1 oignon
1 échalote
1 gousse d'ail
Le cœur d'1 céleri-branche
5 brins de persil
5 brins de ciboulette
100 g de pistaches décortiquées
2 c. à soupe d'huile d'olive
3 œufs
10 cl de lait de soja
3 c. à soupe de flocons de quinoa
1 pincée de cumin en poudre
Sel et poivre
1 laitue romaine rouge
1 bol de pesto de tofu soyeux à la pistache p. 87 (ou de sauce au fromage blanc type ailloli p. 86)

Râper grossièrement le céleri-rave, émincer les aulx dégermés, ciseler le céleri-branche, le persil et la ciboulette. Concasser les pistaches au mortier.

Dans une sauteuse huilée, braiser ces légumes à l'étouffée (p. 79) durant 5 minutes, jusqu'à ce qu'ils soient fondants.

Pendant ce temps, battre les œufs dans un saladier avec le lait de soja, puis ajouter les flocons de quinoa, les légumes braisés, les pistaches concassées, le cumin, saler et poivrer. Bien mélanger pour que la préparation soit onctueuse. Ajouter quelques flocons si la pâte est trop liquide ou un peu de lait de soja si elle est trop compacte.

Verser dans un moule à cake huilé, cuire 30 minutes à four chaud (tester avec la pointe d'un couteau), laisser refroidir et démouler.

Dresser le plat en disposant des tranches de terrine sur des feuilles de laitue. Servir la sauce à part. Accompagner d'une tranche de pain semi-complet.

Variantes

Pour une **terrine de carottes aux noisettes**, remplacer le céleri-rave par 4 carottes et les pistaches par autant de noisettes. Assaisonner la salade avec un pesto de tofu soyeux aux noisettes.
Pour une **terrine de brocolis aux noix**, remplacer le céleri-rave par les fleurettes décrudies d'un brocoli et les pistaches par 100 g de cerneaux de noix.
Assaisonner la salade avec un pesto de tofu soyeux aux noix.
Pour une **terrine aux trois légumes**, utiliser 1 petit céleri-rave, 2 carottes et 1 petit brocoli, ainsi que 100 g d'un fruit à coque au choix.
Pour une **terrine irlandaise**, braiser séparément brocoli, céleri-rave, carottes, puis bien incorporer chaque légume à un tiers de la pâte pour obtenir trois préparations colorées (verte, blanche, orange). Superposer les couches dans le moule à cake pour qu'une fois la terrine cuite, les tranches rappellent le drapeau irlandais.
Il est encore possible d'utiliser d'autres légumes et fruits à coque et de varier les flocons. On peut aussi remplacer les œufs et le lait de soja par 250 g de tofu soyeux mixé ou battre les œufs avec 3 c. à soupe de crème fraîche.

Pain perdu aux algues

Apport de protéines : 22 g (60 % végétales)

Préparation : 5 min / **Confection globale :** 10 min

Battre les œufs avec le lait, les algues en paillettes et le curry. Tremper les tranches de pain dans ce mélange avant de les faire dorer des deux côtés dans une poêle huilée.

Servir ces tranches saupoudrées de gomasio et accompagnées de laitue assaisonnée.

Pour 4 personnes

4 œufs

2 cl de lait demi-écrémé (ou de soja)

1 c. à soupe de nori en paillettes

1 c. à soupe de kombu en paillettes (ou 2 c. à soupe de mélange « salade du pêcheur »)

1 pincée de curry doux

8 tranches de pain semi-complet rassis

3 c. à soupe d'huile d'olive

2 c. à soupe de gomasio

1 laitue

2 c. à soupe de vinaigrette aux algues (p. 81)

Recettes de légumineuses diverses

Crème d'azukis

Apport de protéine : 10 g (végétales)

Préparation : 10 min / **Confection globale :** 20 min

Pour 4 personnes

2 g d'agar-agar
½ l de jus de pomme
Sel
1 gousse de vanille
400 g d'azukis cuits

Délayer l'agar-agar dans le jus de pomme, saler et ajouter les graines de la gousse de vanille. Porter à ébullition et laisser frémir 5 minutes.

Écraser les haricots au presse-purée et les mélanger avec le jus de pomme, jusqu'à obtenir une préparation homogène. Répartir dans des moules individuels et laisser prendre au froid environ 35 minutes.

Azukis au potimarron

Apport de protéines : 10 g (végétales)

Préparation : 10 min / **Confection globale :** 50 min

Pour 4 personnes

300 g de potimarron
200 g d'azukis
1 morceau d'algue kombu
Sel et poivre

Couper le potimarron en cubes. Mettre les azukis à cuire à feu doux avec l'algue. À mi-cuisson (25-30 minutes), ajouter le potimarron.

Veiller au niveau de l'eau qui doit affleurer les haricots. Saler en fin de cuisson.

Curry de lentilles

Apport de protéines : 12 g (végétales)

Préparation : 20 min / **Confection globale :** 50 min

Faire tremper les lentilles 30 minutes. Égoutter et verser dans une casserole avec 1 l d'eau. Porter à l'ébullition, puis cuire 25 à 30 minutes à feu doux.

Faire tremper les raisins secs 15 à 20 minutes dans l'eau chaude. Éplucher et émincer l'ail et les oignons.

Dans une poêle, faire chauffer les épices avec l'huile de coco. Ajouter l'oignon, l'ail et le sel. Laisser compoter 5 à 10 minutes, puis ajouter le lait de coco et les lentilles égouttées. Laisser compoter 10 minutes de plus.

En fin de cuisson, ajouter éventuellement le gingembre confit, puis disposer le curry dans un plat et parsemer de coriandre ciselée. Servir avec du riz basmati.

Pour 4 personnes

200 g de lentilles vertes
125 g de raisins secs blonds
2 gousses d'ail
3 oignons
1 c. à café de piment d'Espelette
1 c. à soupe de cannelle
1 c. à soupe de curcuma
1 c. à soupe de graines de cumin
2 c. à café d'huile de coco
Sel
¼ de l de lait de coco
1 c. à soupe de gingembre confit (facultatif)
Quelques brins de coriandre

Galettes de pois chiches

Apport de protéines : 11 g (végétales)

Préparation : 5 min / **Confection globale :** 15 min

Délayer la farine avec de l'eau tiède, jusqu'à obtenir une pâte un peu épaisse. Couvrir le récipient. Laisser fermenter toute une nuit à température ambiante (dans l'endroit le plus chaud de la cuisine), ce qui favorisera la digestion.

Le lendemain, saler et ajouter les épices et l'huile. Cuire les galettes dans une poêle huilée.

Pour 4 personnes

200 g de farine de pois chiche
Sel
2 c. à café de coriandre en poudre
2 c. à café de piment d'Espelette
2 c. à soupe d'huile d'olive

Millefeuilles de pois chiches

Apport de protéines : 13 g (végétales)
Préparation : 20 min / **Confection globale :** 35 min

Pour 4 personnes

500 g de pois chiches cuits
40 g de tomates séchées
125 g de champignons
1 poireau
2 c. à soupe de graines de sésame
4 c. à soupe de tapenade

Réduire les pois chiches en une purée fine et sèche.

Couper les tomates séchées épluchées en morceaux, ainsi que les champignons. Faire rapidement revenir le poireau émincé dans une poêle huilée.

Griller légèrement les graines de sésame à sec. En réserver 1 c. à café et incorporer le reste à la purée de pois chiche. Bien tasser la purée sur un plan de travail fariné sur 5 mm d'épaisseur, puis découper douze cercles à l'aide d'un emporte-pièce ou d'un bol.

Déposer aussitôt quatre galettes de pois chiche au sésame sur un plat de service, recouvrir d'une couche de tapenade, disposer une seconde galette par-dessus, puis une couche de poireaux parsemée des graines de sésame restantes, une troisième galette, une couche de tomates aux champignons et terminer par une dernière galette de pois chiches au sésame.

Pâte à tartiner pois chiche-olive

Apport de protéines : 13 g (végétales)
Préparation : 15 min

Pour 4 personnes

100 g d'olives noires
2 oignons
300 g de pois chiches cuits
2 c. à soupe de tahin

Dénoyauter les olives. Couper les oignons en morceaux. Mixer tous les ingrédients jusqu'à obtenir une pâte homogène. Ne pas saler étant donné que les olives le sont déjà.

Cette pâte peut se tartiner sur divers types de toasts (voir p. 98) ou accompagner un plat de céréales.

Petit pâté aux pois cassés

Apport de protéines : 18 g (80 % végétales)

Préparation : 5 min / **Confection globale :** 30 min

Pour 4 personnes

500 g de panais
1 bol de graines de courge
2 fromages de chèvre frais
500 g de crème de soja
1 c. à soupe de cumin en poudre
1 c. à soupe de curcuma
1 c. à café de piment d'Espelette
4 gousses d'ail
1 c. à soupe d'huile d'olive
1 pincée de sel
25 g d'algues izikis
1 c. à soupe d'huile de sésame (ou d'olive)
300 g de pois cassés cuits
3 c. à café de chapelure

Éplucher les panais et les couper en fines rondelles avant de les blanchir 5 minutes dans une casserole d'eau salée. Égoutter.

Faire griller les graines de courge et les hacher grossièrement.

Délayer les fromages de chèvre avec la crème de soja, le cumin, le curcuma et le piment. Éplucher l'ail, le couper très finement et l'écraser avec le plat du couteau. Mettre dans un bol et ajouter l'huile d'olive et le sel.

Couper les algues en petits tronçons avant de les faire tremper 1 à 2 heures dans un bol d'eau. Égoutter.

Chauffer l'huile de sésame dans une poêle et faire revenir les algues pendant quelques minutes. Incorporer les algues aux pois cassés réduits en purée.

Dans un plat à four huilé, déposer une couche de panais, une couche de purée de pois cassés et une couche de crème au chèvre. Continuer ainsi en couches successives. Parsemer de chapelure et arroser d'huile d'olive. Cuire 15 à 20 minutes à four moyen. À déguster chaud ou froid.

Pois chiches à la noix de coco

Apport de protéines : 15,5 g (95 % végétales)
Préparation : 20 min / **Confection globale :** 10 min

Hacher les amandes. Faire chauffer le cumin et la coriandre dans un faitout. Ajouter les amandes, les pois chiches et le tamari.

Râper le gingembre et la noix de coco. Incorporer aux yaourts, ainsi que le piment d'Espelette. Verser le yaourt épicé dans le faitout avec les pois chiches et ajouter le curcuma qui va apporter une jolie couleur au plat. Chauffer à feu doux afin que toutes les saveurs se développent et s'interpénètrent. Ajouter la coriandre ciselée.

Pour 4 personnes

100 g d'amandes
2 c. à soupe de graines de cumin
2 c. à café de graines de coriandre
250 g de pois chiches cuits
1 c. à soupe de tamari
1 c. à soupe de gingembre râpé
150 g de noix de coco fraîche (ou 100 g sèche râpée)
2 yaourts
1 c. à soupe de piment d'Espelette
1 c. à soupe de curcuma
1 c. à soupe de coriandre ciselée

Houmous de pois cassés

Apport de protéines : 9 g (végétales)
Préparation : 15 min

Faire chauffer les pois cassés et les réduire en purée. Diluer avec le lait végétal, puis incorporer l'huile de coco, le tahin, les épices, le céleri et les olives concassées.

Répartir la purée tiède dans quatre moules ou ramequins individuels. Démouler sur un lit de salade verte. Il est aussi possible de verser la purée dans un plat carré ou rectangulaire. En refroidissant la purée va se figer. On peut alors couper de belles tranches.

Pour 4 personnes

300 g de pois cassés cuits
1 petite tasse de lait de riz (ou de soja)
1 c. à soupe d'huile de coco
1 c. à soupe de tahin
2 c. à café de cumin en poudre
1 c. à café de piment
1 c. à café de poivre vert
1 c. à soupe de feuilles de céleri hachées
50 g d'olives vertes

Plats uniques

Plats uniques chauds végétaliens

Couscous maghrébin traditionnel, avec un bouillon de légumes

Apports de protéines : 23 g (végétales)

Préparation : 30 min / **Confection globale :** 1 h 30

Pour 4 personnes

30 g de raisins secs
20 g de figues sèches
1 pincée de curry doux
200 g de pois chiches
2 oignons
2 gousses d'ail
2 c. à soupe d'huile d'olive
4 carottes
2 panais
5 brins de persil plat
1 brin de thym
3 feuilles de laurier
2 poireaux
2 branches de céleri
2 cubes bouillon de légumes
400 g de couscous complet (ou précuit[23])
Sel fin aux herbes

Dans un bol d'eau tiède, faire tremper pendant 4 heures les raisins secs et les figues détaillées en petits dés avec le curry doux.

Cuire les pois chiches à l'eau après trempage (p. 78).

Faire revenir les oignons et l'ail dégermés et ciselés à l'huile d'olive, ajouter les carottes et les panais coupés en rondelles. Bien mélanger, puis ajouter 1,5 l d'eau chaude légèrement salée avec persil, thym et laurier. Amener au point d'ébullition, puis réduire à feu doux et laisser mijoter 15 minutes à couvert.

Ajouter les poireaux et les côtes des branches de céleri débités en petits tronçons et cuire encore 10 minutes. Réserver les feuilles de céleri grossièrement hachées au couteau pour la décoration. Égoutter les légumes et réserver le bouillon.

Durant la cuisson des légumes, préparer un second bouillon en délayant les cubes dans 1 litre d'eau chaude. Disposer la semoule de couscous dans un plat allant au four. Mouiller avec le bouillon sans noyer. Patienter 10 minutes, jusqu'à absorption du bouillon, avant d'égrainer délicatement la semoule à l'aide d'une fourchette.

---

23 Les temps sont nettement réduits avec du couscous précuit, qui permet même d'éviter le deuxième temps de mouillage.

Ajouter les fruits secs avec leur eau de trempage, mélanger et ajouter le premier bouillon. Laisser à nouveau gonfler 10 minutes, égrainer et mettre éventuellement 2 à 3 minutes à four tiède pour obtenir des grains bien aérés et parfumés.

Dresser séparément la semoule aux fruits secs, les pois chiches et les légumes. Parsemer les trois plats de feuilles fraîches de céleri ciselées. Servir le bouillon séparément afin que chaque convive puisse en ajouter à sa convenance.

Variantes

Composer une **salade estivale** en mélangeant couscous et pois chiches cuits. Choisir un assaisonnement (voir p. 81) et agrémenter le tout de légumes cuits et/ou crus ciselés ou détaillés en julienne, de raisins secs et d'amandes effilées.

De multiples **autres déclinaisons chaudes ou froides** sont également possibles en mariant différentes céréales et légumineuses et en leur ajoutant divers fruits séchés et/ou à coque.

Ce plat peut devenir **végétarien** avec l'ajout d'œufs (durs ou mollets) et de laitages (fromages râpés ou en cubes, parmesan, feta, mozzarella...)

Couscous de kamut aux fruits à coque

Apports de protéines : 20 g (végétales)

Préparation : 12 min / **Confection globale :** 30 min

Pour 4 personnes

10 branches de persil plat
1 c. à soupe d'herbes de Provence séchées (thym, origan, sarriette)
1 c. à café de cumin en poudre
Gros sel marin
2 panais
1 poivron rouge
2 poireaux
Sel fin aux herbes
3 c. à soupe d'huile d'olive
2 beaux oignons
2 échalotes
2 gousses d'ail
400 g de couscous de kamut
30 g d'amandes effilées
30 g de noix de cajou
40 g de noisettes
1 salade scarole
4 c. à soupe de vinaigrette (p. 81)

Ciseler le persil. En réserver la moitié. Mélanger le reste, les herbes de Provence et le cumin, puis faire infuser 10 minutes dans 1,5 l d'eau chaude légèrement salée (tisane aromatique p. 89).

Couper le panais et le poivron en petits dés, ciseler les poireaux, saler avec le sel aux herbes et cuire ces légumes 15 minutes braisés à l'étouffée (p. 79) avec 2 c. à soupe d'huile et les aulx dégermés et ciselés.

Dans une poêle, faire dorer à feu moyen les grains de kamut avec 1 c. à soupe d'huile d'olive. Dans une autre poêle, torréfier légèrement à sec les amandes et les noix de cajou. Remuer régulièrement.

Passer les noisettes au moulin à café pour obtenir une mouture délicieusement aromatique à mélanger avec le reste du persil ciselé.

Cuire les grains de kamut façon risotto (p. 77) avec la moitié de la tisane aromatique. Lorsque celle-ci a été totalement absorbée, goûter et remouiller éventuellement pour que les grains soient *al dente*.

Mélanger délicatement le kamut cuit, les amandes et les noix de cajou avant de les disposer en dôme dans un plat. Entourer d'une couronne de légumes braisés et saupoudrer le tout de noisettes persillées. Servir accompagné d'une salade fraîcheur assaisonnée.

Astuce

Ici les fruits à coque remplacent la légumineuse pour la complémentation en protéines et se marient remarquablement bien avec le kamut. On peut varier les céréales ou préférer une légumineuse.

Dal bhat *indo-népalais*

Apports de protéines : 22 g (végétales)

Préparation : 30 min / **Confection globale :** 45 min

Pour 4 personnes

200 g de lentilles vertes (dal)

1 bouquet garni : persil, thym, origan, sarriette

400 ml de lait de coco

2 beaux oignons

2 échalotes

2 gousses d'ail

Sel et poivre

1 c. à café de curcuma

1c. à café de cumin en poudre

400 g de riz basmati semi-complet (bhat)

4 carottes

2 panais

1 poivron jaune

2 branches de céleri

4 c. à soupe d'huile d'olive

Cuire les lentilles à l'eau (p. 78).

Pendant ce temps, préparer une tisane aromatique (p. 89) en chauffant 1,5 l d'eau légèrement salée avec le bouquet garni.

Dans une autre casserole, réchauffer le lait de coco à feu doux.

Dégermer et couper les oignons et les échalotes en lamelles, ciseler l'ail. Ajouter le sel, le poivre, le curcuma et le cumin, mélanger.

Bien laver le riz et préparer la marinade de légumes (p. 79) en réservant les feuilles fraîches du céleri grossièrement hachées.

Saisir les aulx (équitablement répartis) dans deux poêles avec 2 c. à soupe d'huile d'olive dans chaque poêle. Dans la première, ajouter le riz pour le cuire façon risotto avec la tisane aromatique (p. 77). Dans la deuxième, saisir les légumes, ajouter le lait de coco et laisser mijoter 15 minutes à feu doux à couvert. Réserver le jus des légumes au lait de coco après l'avoir filtré.

Servir séparément le riz, les lentilles et les légumes. Saupoudrer le tout de feuilles fraîches de céleri ciselées. Disposer le jus de légumes au lait de coco dans un récipient à part, afin que chacun puisse se servir à sa convenance.

Témoignage

La valeur nutritionnelle et énergétique de ce plat emblématique a permis à une expédition himalayenne, bloquée durant une quinzaine de jours par une redoutable tempête de neige ayant provoqué une cinquantaine de morts dans le massif, de survivre grâce au riz et aux lentilles des sherpas, cuits avec de la neige fondue. Témoignage recueilli personnellement auprès d'un rescapé pyrénéen, guide à Saint-Lary.

Duo d'épeautre et lentilles corail aux amandes, ratatouille

Apports de protéines : 22,5 g (végétales)

Préparation : 30 min / **Confection globale :** 50 min

Pour 4 personnes

2 aubergines
1 c. à café de curry (ou de garam massala)
1 bouquet garni (persil, thym, estragon, basilic)
2 oignons
2 échalotes
2 gousses d'ail
1,5 kg de tomates
3 courgettes
4 c. à soupe d'huile d'olive
2 c. à soupe de concentré de tomate (facultatif)
300 g de petit épeautre concassé précuit
150 g de lentilles corail
1 bouquet garni
2 cubes de bouillon
5 brins de persil plat
50 g d'amandes effilées
Sel aux herbes et poivre

Éplucher et couper les aubergines en demi et quarts de lune. Saler légèrement, ajouter le curry et mélanger. Laisser mariner 20 minutes.

Pendant ce temps, ciseler les fines herbes, dégermer et émincer les aulx, saler et poivrer légèrement. Réserver cette farce végétale.

Couper les tomates en gros dés[24], saler légèrement et réserver.

Éplucher partiellement (une bande sur deux) les courgettes à l'aide d'une mandoline avant de les couper en rondelles. Saler légèrement, bien mélanger, réserver.

Dans un faitout, saisir la farce végétale avec 2 c. à soupe d'huile d'olive pendant 2 minutes. Ajouter les tomates et mélanger régulièrement à l'aide d'une spatule en bois. Après 5 minutes, ajouter les courgettes à feu modéré et à couvert.

Éponger les aubergines dans du papier absorbant et les saisir avec 2 c. à soupe d'huile d'olive dans une poêle. Réduire le feu, couvrir, cuire 10 minutes et ajouter dans le faitout. Cuire encore 5 à 10 minutes à feu modéré et à couvert. Ajouter éventuellement le concentré de tomate.

24 On peut ébouillanter les tomates au préalable pour les peler, mais c'est se priver en grande partie du précieux antioxydant lycopène concentré dans la peau et libéré lors de la cuisson.

Laver, égoutter et cuire ensemble le petit épeautre et les lentilles 10 minutes à l'orientale (p. 77) dans deux fois leur volume d'eau, aromatisée avec le bouquet garni et les cubes de bouillon. Égoutter, même si l'eau est complètement absorbée, puis égrainer avec une fourchette.

Ciseler les brins de persil. Dorer 2 minutes à la poêle les amandes effilées, en remuant régulièrement.

Disposer le duo d'épeautre et de lentilles en dôme sur un plat. Parsemer d'amandes et entourer de ratatouille parsemée de persil ciselé.

Astuce

Lorsque l'on prépare et cuit à feu modéré et à couvert les ingrédients de la ratatouille séparément, comme ici, ce plat ravit les sens par son intensité aromatique.

Variantes

Tout en conservant la farce végétale et les tomates comme base de la ratatouille, on peut varier les plaisirs en essayant toutes sorte de légumes : céleri-branche, fenouil, pâtisson, côtes de blette, poivrons…

Tacos mexicains[25] végétaliens

Apports de protéines : 22 g (végétales)

Préparation : 20 min / **Confection globale :** 1 h 40 min

Pour 4 personnes

200 g de haricots rouges
200 g de farine de maïs
200 g de farine T80
1 pincée de sel
1 c. à café de paprika
Poivre
4 c. à soupe d'huile d'olive
1 bol d'eau tiède
2 gousses d'ail
1 pincée de piment d'Espelette
1 c. à café de cumin en poudre
1 salade de saison
3 c. à soupe de vinaigrette (p. 81)

Cuire les haricots rouges *al dente* à l'eau après trempage (p. 78).

Pendant ce temps, préparer la pâte à tortillas (galettes de maïs). Bien mélanger les farines, le sel, le paprika et poivrer. Creuser un puits pour y verser 2 c. à soupe l'huile d'olive. Malaxer du bout des doigts pour obtenir une pâte grumeleuse, comme pour une pâte brisée. Ajouter l'eau tiède progressivement pour la rendre compacte et souple.

Diviser la pâte en douze petites boules et laisser reposer quelques minutes.

À l'aide d'un rouleau, abaisser finement chaque boule en galettes de 15 cm de diamètre, puis les saisir 2 minutes de chaque côté dans une poêle huilée. Réserver et couvrir avec un torchon propre et sec.

Préparer la garniture. Égoutter les haricots rouges, les écraser grossièrement et malaxer avec l'ail finement ciselé, le piment d'Espelette et le cumin. Saisir la purée grossière obtenue dans une poêle huilée, malaxer 2 minutes à l'aide d'une spatule en bois.

Déposer 2 c. à soupe de haricots rouges sur la moitié de la surface de chaque tortilla. Replier l'autre moitié par-dessus, comme un chausson, sans chercher à coller les bords. Servir aussitôt accompagné de salade verte assaisonnée.

Variante

Si l'on préfère consommer des tacos sans accompagnement, à la mexicaine, on peut incorporer un légume vert à la purée de haricots rouges, comme des feuilles de blettes décrudies et finement hachées.

25 Les tacos sont emblématiques de la cuisine mexicaine. Ce sont des tortillas (galettes de maïs) végétaliennes fourrées de légumes hachés et/ou de haricots, voire mixtes, avec de la viande hachée. John Steinbeck, dans son célèbre roman *Tortilla flat*, décrit l'efficacité nutritionnelle des tortillas et des haricots secs chez un enfant contraint de ne consommer que cela.

Duo de galettes aux flocons de quinoa et d'azukis

Apport de protéines : 17 g (végétales)
Préparation : 12 min / **Confection globale :** 25 min

Pour 4 personnes

1 bol de flocons de quinoa
1 bol de flocons d'azukis
2 bols de lait de soja (ou de vache demi-écrémé)
5 branches de ciboulette
5 branches de persil plat
4 belles pommes de terre 'Charlotte'
1 pincée de curry doux
1 pincée de sel fin
3 c. à soupe d'huile d'olive
4 c. à soupe de sauce soja (ou de sauce au yaourt à la moutarde, p. 86)

Faire tremper les flocons séparément dans deux bols de lait pendant 2 minutes. Égoutter.

Ciseler ciboulette et persil. Éplucher et râper les pommes de terre, puis répartir dans deux saladiers. Dans le premier, ajouter les flocons de quinoa, dans le deuxième, ajouter les flocons d'azukis et répartir les fines herbes ciselées, le curry doux et le sel entre les deux. Mélanger.

Former de petites galettes à l'aide de cercles à pâtisserie de 8 cm de diamètre avant de les saisir dans une poêle huilée. Les retourner plusieurs fois, jusqu'à ce qu'elles soient dorées et croustillantes.

Servir les galettes accompagnées d'une sauce au choix.

Variantes
La variété des flocons de céréales (riz, maïs, avoine, millet, sarrasin) et de légumineuses (pois chiches, pois cassés, lentilles) permet d'envisager nombre d'assortiments croustillants !

Ragoût de haricots rouges et de millet

Apports de protéines : 20 g (végétales)

Préparation : 12 min / **Confection globale :** 45 min

Couper les tomates en gros dés, saler légèrement et réserver 15 minutes. Ajouter le concentré de tomate et bien mélanger afin d'obtenir un coulis de tomate.

Pendant le temps de repos, préparer une tisane aromatique (p. 89) avec un 50 cl d'eau, le cube de bouillon et les fines herbes.

Dans un faitout, faire revenir les aulx dégermés et ciselées avec l'huile d'olive, puis ajouter les carottes en rondelles pour les braiser à feu modéré durant 5 minutes. Ajouter le coulis de tomate, les champignons et le poivron émincés, le bouillon et le piment d'Espelette. Saler, poivrer et bien mélanger. Goûter et rectifier avant de rajouter le millet. Laisser cuire à couvert et à feu modéré.

Ajouter les haricots rouges au bout de 20 minutes et laisser mijoter 10 minutes supplémentaires.

Servir accompagné de tranches de pain semi-complet et d'une batavia assaisonnée.

Dans ce « chili végétalien », la viande est remplacée par le millet.

Pour 4 personnes

1 kg de tomates
2 c. à soupe de concentré de tomate
1 cube de bouillon de légumes
2 c. à soupe de fines herbes (persil, thym, sarriette, laurier)
2 beaux oignons
2 échalotes
2 gousses d'ail
3 c. à soupe d'huile d'olive
400 g de carottes
200 g de champignons
1 poivron rouge
1 pincée de piment d'Espelette
200 g de millet
200 g de gros haricots rouges cuits
Sel et poivre
1 batavia
4 c. à soupe de vinaigrette (p. 81)

Plats uniques froids en salades composées

Salade de boulgour aux pois chiches

Apport de protéines : 24 g (végétales)

Confection globale : 8 min

Hacher finement le persil et les oignons blancs. Mélanger.

Incorporer les tomates coupées en dés et les poivrons crus émincés.

Ajouter le boulgour et les pois chiches, mélanger.

Incorporer enfin les haricots verts lactofermentés et une partie des feuilles de roquette.

Présenter cette salade composée en dôme, entouré de feuilles de roquette. Servir l'assaisonnement séparément.

Pour 4 personnes

10 branches de persil plat

2 oignons blancs

6 tomates

1 poivron rouge

1 poivron jaune

400 g de boulgour gros complet cuit

200 g de pois chiches cuits

50 g de haricots verts lactofermentés

⅔ de saladier de roquette

4 c. à soupe de sauce au tahin façon vinaigrette *(p. 82)*

Salade de quinoa et de lentilles au fenouil

Apport de protéines : 20 g (végétales)
Confection globale : 8 min

Râper le bulbe du fenouil, puis émincer ses branches ainsi que le poivron rouge.

Préparer une farce végétale avec les échalotes dégermées et ciselées, l'ail dégermé et pressé, l'estragon, le persil et les petites feuilles des branches de fenouil finement hachés.

Au fond d'un saladier, déposer cette farce végétale, puis verser le jus du citron et l'huile d'olive. Ajouter le quinoa, les lentilles, le fenouil, le poivron rouge et le gomasio. Bien mélanger et servir frais.

Pour 4 personnes

1 fenouil (bulbe avec ses branches)
1 poivron rouge
2 échalotes
2 gousses d'ail
5 brins d'estragon
5 brins de persil
1 citron
4 c. à soupe d'huile d'olive
300 g de quinoa cuit
150 g de lentilles vertes cuites
2 c. à café de gomasio

Salade végétarienne aux pâtes

Apport de protéines : 20 g (60 % végétales)
Confection globale : 8 min

Pour 4 personnes

2 oignons blancs
5 branches de persil plat
5 branches de ciboulette
3 tomates
150 g de haricots verts cuits
3 œufs durs
300 g de macaronis complets cuits al dente
1 tasse de sauce aux noisettes (p. 83)
100 g de feta

Préparer une farce végétale avec les oignons blancs et les deux tiers du persil et de la ciboulette ciselés. Débiter les tomates et les haricots verts. Émietter les œufs durs.

Placer les macaronis dans un grand saladier, ajouter la moitié de l'assaisonnement et mélanger. Ajouter la farce végétale, mélanger à nouveau, puis ajouter les tomates, les haricots verts, la féta en cubes, deux œufs durs mimosa et le reste de l'assaisonnement. Bien mélanger.

Parsemer le plat avec le troisième œuf, ainsi que le reste de persil et de ciboulette ciselés.

Variantes
Cette recette se décline en variant les types de pâtes.
Pour une **version végétalienne**, ajouter une légumineuse pour compléter l'apport protéique des pâtes qui est ici apporté par la feta (ou un autre fromage au choix).

Salade verte croquante aux fruits à coque

Apport de protéines : 25 g (végétales)

Préparation : 10 min / **Confection globale :** 8 min

Dans un grand saladier, mélanger les feuilles des salades lavées et essorées avec les radis coupés en rondelles, les champignons émincés, les olives, le persil et la ciboulette ciselés.

Dorer les amandes à la poêle à sec durant 2 minutes, en remuant régulièrement. Dans un bol, mélanger les amandes et les cerneaux de noix avant de les ajouter à la salade. Bien mélanger et saupoudrer de poudre de noisette grillée. Servir la sauce à part.

Variantes

Cette recette se décline selon la variété des salades, des fruits à coque et des assaisonnements.

Pour une **version végétarienne**, on peut ajouter du fromage de chèvre émietté (ou autre) et des œufs durs émincés.

Pour 4 personnes

1 scarole
1 chicorée frisée
150 g de pourpier
1 botte de radis roses
100 g de champignons rosés
12 olives noires
5 brins de persil plat
5 brins de ciboulette
100 g d'amandes effilées
100 g de cerneaux de noix
75 g de poudre de noisette grillée
1 tasse de sauce au tahin façon vinaigrette avec de l'huile de noix *(p. 83)*

Salade de millet aux haricots coco

Apport de protéines : 20 g (végétales)

Préparation : 10 min / **Confection globale :** 35 min

Cuire le millet à l'orientale dans deux fois son volume d'eau, durant 30 minutes. L'égrainer avec une fourchette lorsqu'il refroidit.

Pendant ce temps, émincer les oignons rouges en arceaux, ciseler le persil et le basilic, effiler les feuilles de chou en fines lanières, couper les poivrons rouge et jaune en petits biseaux et laver les feuilles entières de laitue.

Dans un saladier, bien mélanger les haricots, le millet et les légumes. Assaisonner d'huile, de jus de citron, saler et poivrer.

Disposer un lit de feuilles de laitue sur un plat, avant d'y répartir cette salade composée colorée et de saupoudrer de levure maltée, ou bien servir des parts individuelles reposant chacune sur une belle feuille de laitue.

Pour 4 personnes

300 g de millet
2 oignons rouges
5 branches de persil
2 branches de basilic
3 à 4 feuilles de chou blanc
½ poivron rouge
½ poivron jaune
1 laitue
200 g de haricots coco cuits
3 c. à soupe d'huile 5/1 [26]
1 c. à soupe de jus de citron
Sel et poivre
2 c. à soupe de levure maltée

26 C'est-à-dire cinq fois plus d'oméga-6 que d'oméga-3 (indiqué par l'étiquetage). Voir p. 63.

Salade sucrée-salée de choux aux fruits d'automne

Apport de protéines : 14 g (57 % végétales)

Préparation : 10 min / **Confection globale :** 20 min

Réhydrater les feuilles d'ortie dans un peu d'eau. Couper les feuilles des choux en fines lanières et râper les carottes en volutes à l'aide d'une mandoline. Émincer les pommes (avec la peau si bio), ajouter un peu de jus de citron pour éviter l'oxydation et mélanger. Couper les poires en dés, égrener le raisin.

Chauffer les noisettes à la poêle à sec pendant 2 minutes, en remuant régulièrement, puis les concasser grossièrement dans un mortier avec les noix. Éponger les feuilles d'ortie et préparer un assaisonnement avec l'huile, le jus de citron, l'ortie ciselée et la moitié du gomasio. Poivrer.

Dans un grand saladier, disposer tous les ingrédients, ajouter l'assaisonnement, mélanger, puis saupoudrer de gruyère râpé et du reste de gomasio.

Pour 4 personnes

2 c. à soupe de feuilles d'ortie séchées

150 g de chou blanc

150 g de chou rouge

2 carottes

2 pommes reinettes rouges

2 poires 'Guyot'

1 à 2 grappes (selon leur taille) de raisin Chasselas

100 g de noisettes

100 g de cerneaux de noix

3 c. à soupe d'huile de noix

1 c. à soupe de jus de citron

2 c. à café de gomasio

Poivre

100 g de gruyère râpé

Plats uniques végétariens cuisinés au four

Tarte d'automne poireaux-panais-champignons

Apport de protéines : 18 g (60 % végétales)

Préparation : 20 min / **Confection globale :** 50 min

Confectionner la pâte brisée.

Pendant qu'elle repose, émincer les aulx, poireaux, panais et champignons avant de les braiser au lait de coco (p. 79) pendant 5 minutes à feu doux.

Préparer l'appareil. Battre les œufs et ajouter les autres ingrédients.

Abaisser la pâte au rouleau et foncer un moule à tarte. Bien répartir les légumes sur le fond de tarte, puis verser l'appareil.

Parsemer de tomme de chèvre râpée et cuire 30 minutes à four chaud.

Cette tarte colorée comme un tapis de sous-bois se consomme chaude ou froide, accompagnée d'une salade verte assaisonnée.

Pour 4 personnes

Pâte

1 pâte brisée (p. 93)

Légumes

2 oignons
1 gousse d'ail
3 poireaux
2 panais
200 g de champignons
20 cl de lait de coco

Appareil

2 œufs entiers
25 cl de lait de soja (ou d'avoine, ou de vache demi-écrémé)
50 g de farine T80
Curry doux
Noix de muscade râpée
Sel

À parsemer

50 g de tomme de chèvre râpée (ou de gruyère râpé).

Tarte d'hiver blettes-céleri-rave et fruits à coque

Apport de protéines : 20 g (70 % végétales)
Préparation : 30 min / **Confection globale :** 1 h

Pour 4 personnes

Pâte
1 pâte brisée (p. 93)

Légumes
500 g de blettes entières
1 céleri-rave
2 oignons
2 échalotes
3 c. à soupe d'huile d'olive

Appareil
Voir tarte d'automne

À parsemer
50 g d'amandes effilées
50 g de pignons

Confectionner la pâte brisée.

Pendant que la pâte repose, séparer les côtes des limbes des blettes. Couper les côtes en tronçons biseautés de 2 cm de large et hacher grossièrement les limbes au couteau. Râper grossièrement le céleri-rave. Braiser les côtes et le céleri à l'étouffée durant 10 minutes (p. 79). Émincer les aulx et les faire revenir à l'huile d'olive, puis ajouter les légumes cuits à l'étouffée et les limbes. Prolonger la cuisson de 5 minutes.

Pendant ce temps, dans une poêle, torréfier légèrement à sec les amandes et les pignons en remuant régulièrement. Réserver.

Préparer l'appareil. Foncer un moule à tarte avant de bien répartir les légumes braisés sur le fond de tarte. Verser l'appareil par-dessus et parsemer d'amandes et de pignons. Tasser avec le dos d'une spatule en bois.

Cuire 30 minutes à four chaud.

Tarte de printemps aux carottes, épinards et chou-fleur

Apport de protéines : 18 g (60 % végétales)

Préparation : 30 min / **Confection globale :** 1 h

Pour 4 personnes

Pâte

1 pâte brisée (p. 93)

Légumes

3 carottes

1 petit chou-fleur

400 g d'épinards

2 oignons

2 échalotes

3 c. à soupe d'huile d'olive

20 cl de lait de coco

Appareil

Voir tarte d'automne

À parsemer

50 g de comté râpé

Confectionner la pâte brisée.

Pendant que la pâte repose, émincer les carottes en fines rondelles et en volutes, détailler le chou-fleur en petites fleurettes et en râper une partie pour obtenir une tasse de semoule. Bien laver les épinards, éliminer les tiges et hacher grossièrement les feuilles au couteau.

Émincer les aulx et les faire revenir à l'huile d'olive avant d'ajouter les carottes, les fleurettes de chou-fleur et les épinards. Ajouter le lait de coco pour braiser les légumes à l'étouffée durant 15 minutes.

Préparer l'appareil en ajoutant la semoule de chou-fleur. Déposer les légumes braisés sur le fond de tarte, ajouter l'appareil et parsemer de comté râpé. Cuire 30 minutes à four chaud.

Tarte d'été à la ratatouille

Apport de protéines : 15 g (40 % végétales)

Préparation : 45 min / **Confection globale :** 1 h 15

Ingrédients

1 ratatouille (p. 160)

1 pâte brisée (p. 93)

3 œufs entiers

50 g de gruyère râpé

Préparer la ratatouille, laisser tiédir. Pendant ce temps, confectionner la pâte brisée.

Battre les œufs entiers avant de les incorporer à la ratatouille.

Répartir ce mélange sur le fond de tarte avant de parsemer de gruyère râpé.

Cuire 30 minutes à four chaud.

Moussaka de boulgour et lentilles

Apport de protéines : 24 g (75 % végétales)
Préparation : 35 min / **Confection globale :** 1 h 15

Pour 4 personnes

2 aubergines
150 g de lentilles vertes
300 g de boulgour fin
1 coulis de tomate (p. 165) (ou coulis bio du commerce)
4 c. à soupe d'huile d'olive
1 c. à soupe de fines herbes provençales
1 bol de béchamel au tofu soyeux (p. 85)
70 g de parmesan râpé
Sel et poivre

Éplucher les aubergines et les couper en demi-lunes, avant de les saler pour qu'elles dégorgent pendant 30 minutes.

Cuire les lentilles dans trois fois leur volume d'eau. Au bout de 20 minutes de cuisson, ajouter le boulgour, préalablement lavé, bien mélanger et ajouter un peu d'eau chaude si nécessaire pour couvrir l'ensemble. Prolonger la cuisson 5 à 10 minutes à feu modéré, saler légèrement en fin de cuisson (*al dente*), puis égoutter.

Préparer un coulis de tomate et l'ajouter au mélange lentilles-boulgour. Rincer, éponger les aubergines, puis les faire dorer dans une poêle huilée avec les fines herbes. Réserver.

Dans un plat à gratin huilé, disposer la moitié des aubergines napées d'un peu de béchamel, ajouter le mélange lentilles-boulgour, napper à nouveau d'un peu de béchamel et recouvrir enfin avec le reste des aubergines. Terminer par une couche de béchamel et saupoudrer de parmesan. Cuire 30 minutes à four chaud. À mi-cuisson, Recouvrir éventuellement de papier sulfurisé pour éviter que le plat ne brunisse trop. Servir accompagné d'une salade verte assaisonnée.

Variantes

Dans ce plat turc et grec traditionnel, la viande est remplacée par des protéines végétales : béchamel au tofu et association lentilles-boulgour. En cas d'intolérance au gluten, opter pour du boulgour de sarrasin. On peut aussi incorporer du seitan ou du tofu au coulis de tomate.

Crumble végétalien de lentillons aux légumes

Apport de protéines : 19 g (végétales)
Préparation : 20 min / **Confection globale :** 50 min

Pour 4 personnes

200 g de lentillons de Champagne
2 poireaux
3 carottes
2 panais
3 oignons
3 échalotes
200 g de champignons
6 branches de persil
4 c. à soupe d'huile d'olive
Le jus d'1 citron
1 pâte à crumble salée (p. 95)
Sel

Verser les lentillons dans 1 litre d'eau froide avec les poireaux émincés, les carottes et les panais finement coupés en demi-lunes ou quarts de lune. Porter à ébullition, puis réduire à feu doux, couvrir et laisser cuire 20 minutes. Saler en fin de cuisson, égoutter, réserver.

Pendant ce temps, dégermer et émincer les aulx, réserver.

Émincer finement les champignons, ciseler le persil, mélanger et saler légèrement, réserver. Préparer la pâte à crumble salée.

Faire revenir oignons et échalotes avec 2 c. à soupe d'huile d'olive.

Dans un saladier, mélanger lentillons, légumes, champignons, aulx, 2 c. à soupe d'huile d'olive et le jus de citron. Répartir dans un plat à tarte et recouvrir de pâte à crumble.

Tasser avec le dos d'une spatule en bois et cuire 30 minutes à four chaud.

Servir accompagnée d'une salade verte assaisonnée.

Cette recette se décline avec diverses légumineuses ou avec de simples légumes braisés variés.

Pizza aux épinards et roquefort

Apport de protéines : 12 g (60 % végétales)

Préparation : 30 min / **Confection globale :** 50 min

Pour 4 personnes

1 pâte à pizza (p. 94)
400 g d'épinards
4 c. à soupe d'huile d'olive
2 oignons
1 c. à soupe de fines herbes de Provence
2 c. à café de miso
1 bol de coulis de tomate (p. 165) (ou coulis bio du commerce)
100 g de roquefort
6 olives noires
1 batavia
4 c. à soupe de pistou (p. 87)

Confectionner la pâte à pizza. Pendant les temps de repos de la pâte, laver et hacher grossièrement les feuilles d'épinard avant de les cuire 10 minutes à la vapeur.

Dans une sauteuse huilée, saisir les oignons dégermés et émincés avant de les braiser 5 minutes à l'étouffée avec les épinards et une partie des fines herbes. Réserver.

Étaler finement la pâte sur une plaque à four. À l'aide d'un pinceau, badigeonner avec le reste d'huile d'olive.

Délayer le miso dans le coulis de tomate, répartir sur la pâte, recouvrir avec les légumes braisés et parsemer de roquefort émietté et d'olives dénoyautées coupées en deux. Saupoudrer avec le reste de fines herbes. Cuire 20 minutes à four chaud.

Servir la pizza chaude accompagnée de batavia, le tout agrémenté de pistou.

Cette recette se décline en variant tout aussi bien les légumes selon les saisons que les fromages qui viennent compléter l'apport en protéines de la pâte.

Lasagnes au tofu et petits légumes

Apport de protéines : 26 g (73 % végétales)

Préparation : 20 min / **Confection globale :** 1 à 1 h 30

Pour 4 personnes

200 g de haricots verts frais
200 g de petits pois frais écossés
250 g de tofu aux herbes
2 c. à soupe de tamari
2 figues
1 branche de céleri
1 bouquet de persil plat
4 c. à soupe d'huile d'olive
400 g de pâtes à lasagnes complètes
1 bol de béchamel au tofu soyeux (ou béchamel légère) *(p. 85)*
100 g de parmesan (ou tomme de chèvre) râpé

Cuire séparément, pendant environ 30 minutes, les haricots verts équeutés et coupés en petits tronçons et les petits pois écossés dans deux casseroles d'eau légèrement salée. À défaut, utiliser des légumes en conserve bien rincés et égouttés.

Émietter le tofu aux herbes dans un bol, verser le tamari et mélanger.

Hacher grossièrement les figues et les feuilles de la branche de céleri au couteau. Ciseler le persil.

Dans une sauteuse, mélanger les petits pois, les haricots verts cuits, le tofu, les figues et une partie du céleri et du persil. Braiser le tout à l'huile d'olive durant 5 minutes.

Dans un plat à gratin huilé, déposer une première couche de pâtes à lasagnes, recouvrir de légumes au tofu, napper de béchamel. Recommencer l'opération et terminer par une troisième couche de pâtes à lasagnes nappée de béchamel et saupoudrée de fromage râpé. Cuire 45 minutes à four chaud.

Au sortir du four, parsemer du reste de feuilles de céleri et de persil ciselées. Servir les lasagnes chaudes avec une salade assaisonnée.

Ici la farce à la viande des lasagnes classiques est remplacée par une farce végétale à base de tofu et de légumes, à varier selon les goûts et les saisons.

Gratin de potimarron aux flocons

Apport de protéines : 25 g (60 % végétales)

Préparation : 15 min / **Confection globale :** 35 min

Pour 4 personnes

1 potimarron (800 g à 1 kg)
200 g de flocons de seigle
100 g de flocons de pois chiches
30 cl de lait de soja (ou de vache demi-écrémé)
3 œufs entiers
5 branches de persil plat
5 branches de thym
Sel et poivre
200 g de comté râpé

Brosser et débiter le potimarron en gros morceaux (sans l'éplucher). Cuire 10 à 15 minutes dans une eau légèrement salée, jusqu'à ce que l'on puisse enfoncer un couteau à travers la peau. Égoutter, puis réduire en purée au mixeur.

Mélanger les flocons de seigle et de pois chiches et les faire tremper 3 minutes dans le lait. Égoutter.

Battre les œufs entiers, ajouter les flocons et incorporer le mélange à la purée de potimarron, ainsi que le persil et le thym ciselés. Goûter et rectifier (sel et poivre).

Répartir la préparation dans un plat à gratin, saupoudrer de comté râpé et faire gratiner 15 à 20 minutes à four moyen. Servir chaud avec une salade assaisonnée.

L'association flocons de céréales (avoine, épeautre, millet, orge, quinoa, riz, sarrasin, seigle) et flocons de légumineuses (lentilles, pois, pois chiches et soja) est facile à cuisiner.

Gratin anti-gaspi

Apport de protéines : 25 g (60 % végétales)

Préparation : 10 min / **Confection globale :** 30 min

Pour 4 personnes

Restes déjà cuits

300 g de riz

150 g de lentilles

Poivre

Curcuma

500 g de ratatouille

200 g de restes de fromage à râper

Mélanger le riz, les lentilles, le poivre et le curcuma.

Répartir la moitié de la ratatouille au fond d'un plat à gratin huilé, parsemer de fromage râpé, recouvrir de mélange riz-lentilles, parsemer à nouveau de fromage râpé, puis répartir le reste de ratatouille et parsemer une dernière fois de fromage.

Faire gratiner 15 à 20 minutes à four moyen. Servir chaud avec une salade.

Variantes

Cette recette rappelle le procédé des moussakas et des lasagnes. Là encore, les variantes sont nombreuses. On peut décliner le duo céréale-légumineuse et les mélanges de légumes pour des plats complets, ou ne faire gratiner qu'un seul composant (céréale, légumineuse, légumes) pour des plats simples.

Plats uniques sous forme de soupes

Soupe campagnarde au pain trempé

Apport de protéines : 22,5 g (végétales)

Préparation : 20 min / **Confection globale :** 50 min

Pour 4 personnes

½ chou pommé
3 carottes
2 poireaux
2 panais
1 petit céleri-rave
2 oignons
2 échalotes
1 bouquet de persil plat
2 c. à soupe d'huile d'olive
1,5 l d'eau
200 g de lentillons de Champagne
Gros sel marin
8 à 12 tranches de pain semi-complet
4 belles gousses d'ail

Couper les feuilles du chou en lanières, débiter les carottes et les poireaux en rondelles, détailler le panais en demi-lunes et quarts de lune, râper le céleri-rave grossièrement.

Dégermer et émincer les oignons et les échalotes. Ciseler le persil, réserver.

Dans un faitout, faire revenir les aulx émincés à l'huile d'olive, puis verser l'eau et ajouter les légumes. Amener au point d'ébullition, réduire à feu doux et laisser mijoter 10 minutes à couvert.

Ajouter les lentillons, bien mélanger, puis laisser mijoter 20 minutes à couvert. Saler et rectifier en fin de cuisson.

Pendant ce temps, faire dorer les tranches de pain à sec dans une poêle, avant de les frotter avec les gousses d'ail et de les couper en carrés de 3 à 4 cm de côté. Mélanger les croûtons obtenus et le persil frais ciselé dans un saladier.

Disposer quelques croûtons dans chaque assiette et verser la soupe chaude, non mixée, par-dessus. Mélanger et déguster.

Variantes

Jadis, le terme « soupe » désignait les tranches de pain trempées dans un bouillon ou dans du lait, ce qui nous éclaire sur l'expression : « être trempé comme une soupe ». Ce terme a fini par désigner l'ensemble du plat, puis seulement le bouillon. Cette soupe roborative, qui « donne à mâcher », à l'instar des soupes paysannes, se décline en variant les légumes, en remplaçant le pain par des céréales complètes, ou en ajoutant des légumineuses déjà cuites (en grains entiers ou en purée) en fin de cuisson. Il est aussi possible de la mixer.

Minestrone

Apport de protéines : 21,5 g (60 % végétales)
Préparation : 20 min / **Confection globale :** 55 min

Pour 4 personnes

150 g de haricots frais à écosser
2 panais
1 patate douce
2 oignons
2 échalotes
2 gousses d'ail
1 beau fenouil
2 navets
4 feuilles de chou frisé
2 branches de basilic frais (ou séché)
3 c. à soupe d'huile d'olive
1,5 l d'eau
Gros sel marin
300 g de tagliatelles semi-complètes
100 g de parmesan râpé

Écosser les haricots frais, débiter le panais et la patate douce en demi-lunes et quarts de lune, dégermer et ciseler les aulx, émincer le fenouil et les navets, couper les feuilles de chou en lanières, ciseler le basilic à part.

Dans un faitout, faire revenir les aulx à l'huile d'olive, puis braiser les légumes à l'étouffée durant 5 minutes (p. 79) : d'abord le panais et le fenouil pendant 3 minutes, puis ajouter la patate douce et les feuilles de chou et enfin l'eau et les haricots en intensifiant le feu. Au moment de parvenir au point d'ébullition, réduire à feu doux et laisser mijoter 30 minutes à couvert.

Saler, puis ajouter les tagliatelles après les avoir grossièrement cassées entre les mains et laisser cuire jusqu'à ce qu'elles soient *al dente*. Goûter le bouillon, rectifier.

Servir en parsemant chaque assiette d'un mélange de parmesan râpé et de basilic ciselé.

Variantes

Le minestrone est à l'Italie ce que la soupe au pain trempé est à la France. Les pâtes remplacent le pain, mais le riz et les haricots doliques sont aussi des ingrédients de base pour ce plat traditionnel transalpin (le riz cuit avec les légumes, et les haricots, trempés la veille et cuits séparément, sont ajoutés en purée ou entiers, en fin de préparation). Les légumes varient au fil des saisons.

Soupe d'orties aux flocons d'épeautre et de lentilles

Apport de protéines : 18 g (végétales)

Préparation : 10 min / **Confection globale :** 40 min

Ciseler grossièrement les feuilles d'ortie fraîches. Si elles sont sèches, les réhydrater 15 minutes dans un bol d'eau. Dégermer et émincer les oignons. Éplucher et couper les pommes de terre en morceaux.

Faire revenir les oignons à l'huile d'olive, jusqu'à ce qu'ils deviennent fondants, puis ajouter l'ortie, bien mélanger et cuire 3 minutes à feu doux à couvert. Ajouter l'eau et les pommes de terre ; saler. Intensifier le feu et, au moment de parvenir au point d'ébullition, réduire et laisser mijoter 15 minutes à couvert.

Mixer, puis ajouter la béchamel, les flocons d'épeautre et de lentilles. Bien mélanger et poursuivre la cuisson à feu modéré durant 10 minutes. Si le résultat est trop liquide, ajouter progressivement un peu d'arrow-root délayée dans une louche de bouillon.

Servir avec deux tranches de pain complet par personne.

Précisions

Cette version « plat unique » de la traditionnelle soupe d'orties contient des flocons (céréale + légumineuse). Elle est accompagnée de tranches de pain complet pour renforcer l'apport en protéines des orties. La béchamel au miso se substitue à la crème fraîche habituellement utilisée. Cette recette peut servir de modèle pour préparer des soupes à base d'autres plantes sauvages riches en protéines comme la mauve.

Pour 4 personnes

½ saladier de jeunes pousses d'ortie (ou 30 g de feuilles sèches)

2 oignons

4 pommes de terre

2 c. à soupe d'huile d'olive

1,5 l d'eau

Gros sel marin

2 c. à soupe de béchamel au miso (p. 85)

100 g de flocons d'épeautre

50 g de flocons de lentilles

1 c. à soupe d'arrow-root (facultatif)

8 tranches de pain complet

Soupe des « trois sœurs »[27]

Apport de protéines : 16 g (végétales)

Préparation : 20 min / **Confection globale :** 50 min

Brosser le potimarron, le couper en deux, l'épépiner et le débiter en morceaux, sans l'éplucher.

Dans un faitout, faire revenir les aulx dégermés et émincés à l'huile d'olive. Ajouter la cannelle et la muscade avant de verser l'eau. Ajouter les cubes de bouillon et les morceaux de potimarron. Amener au point d'ébullition, réduire à feu doux et laisser mijoter 20 minutes à couvert.

Pendant ce temps, cuire les épis de maïs 20 minutes à l'eau bouillante légèrement salée avant de les égrainer.

Ajouter la béchamel au bouillon de potimarron et mixer la soupe, jusqu'à obtenir une texture homogène et onctueuse.

Ajouter les grains de maïs doux et les haricots, bien mélanger et laisser mijoter 5 minutes.

Saupoudrer les assiettes d'un mélange de persil ciselé et de gomasio.

Variantes

Cette association de maïs, haricots et potimarron (à condition de ne pas mixer ce dernier et de le débiter en dés) peut se décliner en plats uniques :

– chauds, façon pseudo couscous (p. 155) ou plat gratiné au four (p. 184) ;

– froid, façon salade composée assaisonnée.

Pour 4 personnes

1 potimarron (800 g à 1 kg)
2 oignons
2 échalotes
2 gousses d'ail
3 c. à soupe d'huile d'olive
½ c. à café de cannelle
½ c. à café de muscade
1,5 l d'eau
2 cubes de bouillon de légumes
3 épis de maïs doux
Gros sel
4 c. à soupe de béchamel au tofu soyeux (p. 85)
300 g de haricots (blancs ou rouges) cuits
2 branches de persil plat
1 c. à soupe de gomasio

27 La culture des « trois sœurs », évoquant les traditions amérindiennes, associe plusieurs variétés : une Cucurbitacée permettant de couvrir le sol, du maïs dont les tiges servent de tuteurs et des haricots grimpants apportant de l'azote au sol, l'ensemble étant recyclé par compostage pour renouveler l'humus. La permaculture et l'agroforesterie redécouvrent aujourd'hui les pratiques ancestrales qui constituent, avec les protéines végétales et la réduction du gaspillage alimentaire, une solution d'avenir pour nourrir l'humanité et couper avec le productivisme infernal et ses déséquilibres.

Gaspacho végétalien aux flocons de pois cassés

Apport de protéines : 11 g (végétales)

Préparation : 20 min / **Confection globale :** 30 min (+ 2 h au frais)

Chauffer l'eau avec les cubes de bouillon. Ajouter les flocons de pois cassés, porter au point d'ébullition, puis réduire à feu doux et laisser mijoter 5 minutes. Réserver séparément les flocons égouttés et le bouillon.

Débiter le concombre épluché et égrainé en morceaux, ainsi que les tomates et le poivron épépiné. Hacher grossièrement la feuille de blette sans la côte au couteau, puis émincer les aulx dégermés.

Mixer le pain émietté avec les flocons refroidis, les légumes et les aulx. Verser la préparation obtenue dans un saladier, ajouter progressivement l'huile d'olive, puis le vinaigre de cidre, un peu de sel et le piment d'Espelette. Pour un résultat plus liquide, ajouter un peu du bouillon des flocons. Réserver 2 heures au réfrigérateur.

Servir très frais, saupoudré de levure maltée.

Dans cette version « plat unique » du gaspacho, l'équilibre est assuré grâce à l'apport des délicieux flocons de pois cassés.

Pour 4 personnes

1 l d'eau
2 cubes de bouillon de légumes
100 g de flocons de pois cassés
½ concombre
4 tomates
1 poivron vert
1 feuille de blette
2 oignons
1 gousse d'ail
6 tranches de pain de campagne rassis
4 c. à soupe d'huile d'olive
2 c. à soupe de vinaigre de cidre
Sel
1 pincée de piment d'Espelette
40 g de levure maltée

Soupe orientale végétalienne au miso

Apport de protéines : 16 g (végétales)
Préparation : 20 min / **Confection globale :** 50 min

Faire tremper les shiitakés pendant 15 minutes avant de les égoutter et de les couper en lamelles.

Laver et émincer le wakamé, puis le faire tremper 15 minutes dans un bol d'eau.

Émincer les aulx dégermés, débiter les carottes et les panais en rondelles et quarts de lune, ciseler les fanes des carottes.

Faire revenir les aulx et les shiitakés 3 minutes à l'huile d'olive. Ajouter l'eau, les légumes et le wakamé avec son eau de trempage. Porter à ébullition, puis réduire à feu doux et laisser mijoter 10 minutes.

Ajouter le tofu coupé en petits cubes (et le wakamé en paillettes à défaut d'algue fraîche). Mélanger et laisser mijoter 5 minutes.

Délayer le miso de riz avec un peu de bouillon et l'incorporer à la soupe. Laisser mijoter encore 2 à 3 minutes.

Servir la soupe chaude dans une soupière, décorée de feuilles de coriandre (ou de persil), avec deux tranches de pain complet par personne.

Variantes
Cette soupe se décline en variant les légumes au fil des saisons, mais aussi les algues (kombu, nori, dulce, mélange « salade du pêcheur »...) et l'apport de soja (tofu aromatisé, miso...).
Il est aussi possible d'opter pour une variante végétarienne en remplaçant le tofu par trois œufs battus ajoutés progressivement.

Pour 4 personnes

6 shiitakés déshydratés (ou rosés des prés, champignons de Paris...)
20 cm d'algue wakamé fraîche (ou 2 c. à soupe de paillettes)
1 échalote
1 oignon
2 carottes
2 panais
2 c. à soupe d'huile d'olive
1,5 l d'eau
200 g de tofu
1 c. à soupe de miso de riz
1 branche de coriandre (ou de persil plat)
8 tranches de pain complet

Velouté végétalien parfumé au lait de coco

Apport de protéines : 14 g (végétales)

Préparation : 20 min / **Confection globale :** 40 min

Émincer le fenouil et les aulx dégermés, débiter les tomates en dés et la patate douce en demi-lunes et quarts de lune.

Dans un faitout huilé, braiser les aulx et les légumes avec le curry doux pendant 5 minutes. Ajouter le lait de coco et laisser mijoter 5 minutes à couvert.

Ajouter l'eau, les flocons de millet et de pois chiches, porter au point d'ébullition, puis réduire à feu doux et laisser mijoter 15 minutes en remuant de temps en temps. Saler et rectifier.

Mixer en rajoutant éventuellement un peu de lait de coco pour obtenir une texture plus fluide. Dans chaque assiette, parsemer de noix de coco râpée et de feuilles de persil. Servir avec deux tranches de pain complet par personne.

Pour 4 personnes

1 petit fenouil
2 oignons
2 échalotes
2 tomates
1 patate douce
2 c. à soupe d'huile d'olive
1 pincée de curry doux
50 cl de lait de coco
1 l d'eau
150 g de flocons de millet
100 g de flocons de pois chiches
Sel
20 g de noix de coco râpée
1 branche de persil plat
8 tranches de pain complet

Soupe automnale aux châtaignes et fruits à coque

Apport de protéines : 16 g (végétales)
Préparation : 20 min / **Confection globale :** 40 min

Pour 4 personnes

100 g de noisettes
100 g d'amandes effilées
10 châtaignes cuites
1 bouquet de persil plat
1 c. à soupe de levure maltée
2 cubes de bouillon de légumes
1,5 l d'eau
2 oignons
1 poireau
1 panais
2 c. à soupe d'huile d'olive
150 g de boulgour de sarrasin

Dans une poêle, dorer les noisettes et les amandes à sec pendant 2 minutes en remuant constamment. Les concasser grossièrement au mortier.

Dans un saladier, préparer une farce végétale en mélangeant les châtaignes émiettées avec les fruits à coque, le persil ciselé et la levure.

Délayer les cubes de bouillon dans l'eau tiédie.

Émincer les oignons, le poireau en rondelles et le panais en rondelles et demi-lunes avant de les braiser 5 minutes dans un faitout huilé. Ajouter le boulgour, les trois quarts de la farce végétale et le bouillon. Porter à ébullition, puis réduire à feu doux et laisser mijoter 15 minutes en remuant de temps en temps.

Servir la soupe chaude, éventuellement mixée. Saupoudrer du reste de farce végétale.

Plats principaux mixtes classiques

Voici quelques recettes qui associent à parts égales protéines animales (produits carnés et/ou de la mer) et protéines végétales, permettant la transition vers des plats végétariens. Cela explique que la proportion de certains ingrédients d'origine animale soit réduite compte tenu de l'apport en protéines végétales.

Au-delà des recettes proposées ci-dessous, on peut mentionner le couscous classique (semoule et mouton), ou le kig ha farz, pot-au-feu emblématique de Bretagne (avec cuisson de sarrasin et de blé dans le même bouillon), la pizza napolitaine (blé dur et anchois), les nombreuses soupes paysannes (pain et lardons), la chorba tunisienne (vermicelles et mouton), le bibimbap coréen (riz et viande), le thieboudienne africain (riz et poisson) et tant d'autres.

Plats mixtes associant protéines végétales et carnées

Lentilles aux saucisses

Apport de protéines : 37 g (50 % végétales)
Préparation : 10 min / **Confection globale :** 45 min

Pour 4 personnes

300 g de lentilles vertes
100 g de lardons
2 oignons
1 échalote
2 carottes
1 pincée de curcuma
1 pincée de cumin en poudre
1 cube de bouillon de légumes
1 l d'eau
1 bouquet garni (persil, thym, origan)
2 c. à soupe d'huile d'olive
4 saucisses goûteuses (de Morteau, de Montbéliard ou de Toulouse)
Poivre du moulin et sel

Bien laver et égoutter les lentilles. Couper les lardons en petits dés selon leur taille.

Dans un petit saladier, mélanger les oignons et l'échalote dégermés et émincés, les carottes coupées en petits dés, le curcuma et le cumin. Poivrer et ajouter 1 pincée de sel. Réserver. Préparer une tisane aromatique (p. 89) en délayant le cube de bouillon dans l'eau chaude et en ajoutant le bouquet garni, à l'exception d'une branche de persil émincée et réservée pour la décoration du plat.

Dans une poêle huilée, saisir les lardons en remuant bien et réduire le feu. Dès qu'ils deviennent dorés et croustillants (sans être grillés !), ajouter les carottes, bien mélanger et laisser cuire 2 minutes à couvert, toujours à feu réduit.

Dans une cocotte, mélanger lentilles et carottes aux lardons, recouvrir de tisane aromatique, puis ajouter les saucisses sans les piquer. Chauffer jusqu'au point d'ébullition, réduire à feu doux et laisser cuire 15 minutes. Piquer alors les saucisses pour qu'elles aromatisent le bouillon qui réduit et se transforme en sauce.

Rajouter un peu de tisane aromatique, sans trop délayer la sauce et prolonger la cuisson à feu doux pendant 15 à 20 minutes, jusqu'à ce que les lentilles soient *al dente*.

Goûter, rectifier, sortir les saucisses et les couper en rondelles, enlever le bouquet garni, tamiser les lentilles et recueillir la sauce dans un ramequin.

Dans un plat, disposer les lentilles cuisinées au centre, saupoudrer de persil émincé et entourer d'une couronne de rondelles de saucisses. Servir la sauce séparément.

Cette recette peut aussi être réalisée sans les saucisses, en doublant la quantité de lardons et en ajoutant un oignon et une carotte.

Cassoulet

Apport de protéines : 32 g (56 % végétales)
Préparation : 1 h / **Confection globale :** 3 h 30

Pour 8 personnes

600 g de haricots blancs[28]
1 bouquet garni
3 oignons
2 clous de girofle
4 gousses d'ail
2 échalotes
2 carottes
1 petit poireau
1 petite branche de céleri
300 g d'épaule d'agneau désossée
100 g de poitrine de porc
2 saucisses de Toulouse
80 g de concentré de tomates bio
2 cuisses de canard bio confites
Sel et poivre
3 c. à soupe de chapelure

Faire tremper les haricots toute une nuit. Rincer, égoutter et mettre à cuire, à l'eau, dans une cocotte, avec le bouquet garni et un oignon piqué des clous de girofle. Porter au point d'ébullition, réduire à feu doux, couvrir et laisser cuire 45 minutes.

Pendant ce temps, dégermer et émincer 2 gousses d'ail, les 2 oignons restants et les échalotes. Couper les carottes et le poireau (le blanc avec un peu de vert) en rondelles, laver et émincer la branche de céleri, débiter la côte en tronçons et réserver les feuilles ciselées pour la décoration.

Débiter l'épaule d'agneau en gros cubes, la poitrine de porc en petits lardons et les saucisses en tronçons de 2 cm. Réserver.

Tamiser les haricots, réserver le bouillon dans un petit saladier, enlever l'oignon et conserver le bouquet garni. Verser à nouveau les haricots et le bouquet garni dans la cocotte, recouvrir d'eau, ajouter le concentré de tomate, les aulx émincés et les légumes coupés. Bien mélanger et mettre à chauffer.

28 Au choix : lingots de Castelnaudary, de Mazères ou de Soissons ; haricots tarbais ou de Lavelanet ; cocos de Pamiers ou de Paimpol ; mogette de Vendée, etc.

Dans une poêle, dégraisser les cuisses de canard à feu doux. Réserver.

Saisir l'agneau, les lardons et les saucisses avec un peu de graisse rendue par le canard. Faire dorer de tous côtés et ajouter à la cocotte. Mélanger délicatement. Goûter et rectifier (sel et poivre). Dès que le ragoût parvient au point d'ébullition, réduire à feu doux, couvrir et laisser mijoter 1 h 30 en remuant délicatement de temps en temps.

Émietter les cuisses de canard. Frotter les parois d'un grand plat à gratin (si possible en terre cuite) avec les deux gousses d'ail restantes, y verser le ragoût, ajouter les cuisses de canard émiettées, enlever le bouquet garni et bien répartir le tout. Veiller à ce que la sauce affleure les morceaux de viande. Ajouter un peu de bouillon réservé si nécessaire.

Parsemer de chapelure, enfourner et faire gratiner 30 minutes. Surveiller régulièrement : si la surface se dessèche trop, ajouter quelques cuillérées de bouillon. Une fine croûte mordorée doit se former.

Servir chaud, parsemé de feuilles de céleri ciselées. Ce plat peut se préparer la veille et être réchauffé, il n'en sera que plus goûteux.

Précisions

Le mot « cassoulet » vient de l'occitan *cassolo* qui désigne la terrine de grès dans laquelle mijotait longuement ce ragoût de haricots blancs, viandes fraîches et confites et charcuteries. À ses origines, le cassoulet était à base de fèves. Ici la recette est « allégée » en viandes grasses.

Chili con carne

Apport de protéines : 32,5 g (38 % végétales)

Préparation : 20 min / **Confection globale :** 1 h 30

Pour 4 personnes

400 g de viande de bœuf (200 g de macreuse + 200 g de paleron)
2 oignons
2 échalotes
2 gousses d'ail
3 carottes
5 brins de persil plat
2 cubes de bouillon de bœuf
3 c. à soupe d'huile d'olive
400 g de pulpe de tomate concassée bio en conserve
2 c. à café de cumin en poudre
1 c. à café de coriandre
1 c. à café de piment d'Espelette
1 c. à café de sucre de canne complet
500 g de haricots rouges bio cuits en conserve
Sel et poivre

Débiter les pièces de bœuf en gros cubes. Émincer les aulx dégermés, couper les carottes en rondelles, ciseler le persil et préparer un bouillon en diluant les cubes dans 50 cl d'eau chaude.

Dans une cocotte, faire dorer de tous côtés les morceaux de viande avec 2 c. à soupe d'huile d'olive. Prélever à l'aide d'une écumoire et réserver sur du papier absorbant.

Rajouter 1 c. à soupe d'huile d'olive dans la cocotte et faire revenir les aulx 1 minute à feu doux. Ajouter la pulpe de tomate et le jus, les carottes, les deux-tiers du persil et les épices. Bien mélanger, laisser mijoter 5 minutes à couvert et à feu doux, puis ajouter la viande, couvrir de bouillon et ajouter le sucre. Remuer à nouveau et laisser mijoter à couvert 1 bonne heure, jusqu'à ce que la viande soit moelleuse.

Verser les haricots rouges tiédis avec leur jus dans la cocotte, bien mélanger et laisser mijoter encore 10 minutes ; goûter, rectifier.

Transvaser ce chili dans une terrine, parsemer du reste de persil frais et servir à l'aide d'une louche.

Variante

Pour un chili con carne maïs-haricots rouges, il suffit de réduire la quantité de haricots à 220 g et d'y incorporer le contenu une boîte de 130 g de maïs bio égoutté. On obtient un plat coloré du plus bel effet.

Bœuf carottes aux haricots rouges

Apport de protéines : 31 g (36 % végétales)
Préparation : 25 min / **Confection globale :** 1 h 45

Pour 4 personnes

400 g de joues de bœuf
2 oignons
2 échalotes
2 gousses d'ail
2 cubes de bouillon de bœuf
6 carottes
200 g de champignons de Paris
5 brins de persil plat
3 c. à soupe d'huile d'olive
50 cl de vin rouge[29]
1 bouquet garni
500 g de haricots rouges bio cuits en conserve
Sel et poivre

Débiter la viande en gros cubes. Émincer les aulx dégermés. Préparer un bouillon de bœuf en diluant les cubes dans 50 cl d'eau chaude.

Dans un saladier, préparer une marinade végétale avec les carottes en rondelles, les champignons en lamelles et le persil ciselé. Saler le mélange.

Dans une cocotte, faire dorer les morceaux de viande de tous côtés à l'huile d'olive, ajouter les aulx, bien mélanger et laisser mijoter 5 minutes à couvert. Ajouter le bouillon, le vin et le bouquet garni. Parvenir à ébullition, réduire à feu doux, couvrir et laisser mijoter pendant 1 heure.

Ajouter la marinade végétale, bien mélanger et prolonger la cuisson de 30 minutes, toujours à couvert. Incorporer les haricots rouges avec leur jus (pour l'onctuosité), mélanger et prolonger la cuisson de 15 minutes. Goûter et rectifier.

Servir dans un plat ovale émaillé blanc (si possible) et parsemer du reste de persil frais et de levure alimentaire.

29 Choisir de préférence un Bourgogne charpenté, cépage pinot noir.

Rougail saucisses réunionnais

Apport de protéines : 28 g (43 % végétales)

Préparation : 10 min / **Confection globale :** 45 min

Pour 4 personnes

2 saucisses de Morteau de 200 g
4 oignons
2 gousses d'ail
6 tomates bien mûres[30]
1 bouquet de persil plat
1 c. à café de curcuma
1 c. à café de cumin en poudre
1 c. à café de piment d'Espelette
20 g de gingembre frais (ou 1 c. à café en poudre)
3 c. à soupe d'huile d'olive
40 g de concentré de tomate bio
2 à 3 feuilles de « quatre-épices » (arbre réunionnais) (ou 2 brins de thym + 4 feuilles de laurier)
300 g de riz basmati semi-complet cuit
300 g de haricots rouges cuits
Sel et poivre

Mettre les saucisses dans une casserole d'eau froide (sans les piquer) et chauffer jusqu'à parvenir au point d'ébullition. Réduire à feu doux et laisser frémir 15 minutes.

Pendant ce temps, ciseler les aulx dégermés.

Peler et épépiner les tomates, puis les couper en cubes. Mélanger les tomates, les deux-tiers du persil émincé, les épices, le gingembre râpé et un peu de sel. Réserver.

Débiter les saucisses égouttées en tronçons de 2 cm.

Dans une poêle huilée à bords relevés (ou une cocotte), saisir les aulx, puis ajouter les saucisses pour les rissoler 5 minutes à feu moyen. Ajouter les tomates fraîches persillées et épicées, ainsi que le concentré de tomate et le bouquet aromatique. Bien mélanger et laisser mijoter 20 minutes à couvert.

Servir le rougail dans de grandes assiettes avec une timbale de riz et une autre de haricots rouges réchauffés. Saupoudrer le tout de persil ciselé.

30 Les tomates fraîches et le concentré de tomate peuvent être remplacés hors saison par 400 g de sauce tomate bio.

Poulet-coco antillais

Apport de protéines : 38 g (40 % végétales)
Préparation : 10 min / **Confection globale :** 45 min (+ marinade : 2 h)

Pour 4 personnes

400 g de blanc de poulet (4 escalopes)
2 oignons
2 échalotes
2 gousses d'ail
1 à 2 citrons verts
6 c. à soupe d'huile d'olive
2 c. à soupe de curry doux[31]
150 g de pois gourmands
1 poireau
1 patate douce
1 poivron rouge
100 g de noix de cajou
20 g de gingembre frais (ou 1 c. à café en poudre)
40 cl de lait de coco
1 c. à soupe de tamari
1 pincée de sucre de canne complet
400 g de riz basmati semi-complet cuit
Sel et poivre

Déposer le poulet coupé en morceaux de 4 cm dans un saladier. Ajouter les aulx dégermés et émincés, le jus de citron vert, 2 c. à soupe d'huile d'olive, 2 pincées de curry, saler, poivrer et laisser mariner 2 heures.

Blanchir les pois gourmands pour fixer leur couleur verte : les plonger 1 minute dans une eau bouillante salée, égoutter, puis les tremper dans de l'eau froide et réserver.

Détailler le poireau en tronçons de 2 cm, la patate douce en biseaux et demi-lunes, le poivron en petits dés et concasser grossièrement les noix de cajou. Dans un saladier, mélanger ces légumes et la moitié des noix de cajou. Ajouter le gingembre râpé, saler légèrement et réserver.

Dans une poêle huilée à bords relevés, saisir et faire dorer de tous côtés les morceaux de poulet marinés pendant 5 minutes.

Dans une autre poêle huilée, faire revenir les légumes (excepté les pois gourmands) à feu moyen durant 5 minutes également. Ajouter ces légumes au poulet, mélanger et laisser mijoter 5 minutes à couvert.

Verser le lait de coco dans un saladier, ajouter le tamari, 2 pincées de curry, le sucre et bien mélanger. Verser sur le poulet aux légumes et laisser mijoter 20 minutes à découvert pour que le liquide de cuisson réduise en sauce onctueuse. Goûter et rectifier éventuellement (sucre de canne complet, curry, sel et poivre). Ce plat offre des saveurs subtiles à équilibrer : épicées, douces, sucrées et salées.

Peu avant de servir, ajouter les pois gourmands et mélanger délicatement. Sur un grand plat, disposer un lit de riz basmati avant d'y déposer le poulet-coco. Saupoudrer du reste de noix de cajou.

31 Le curry doux, sans piment, est un mélange variable de plusieurs épices : curcuma, coriandre, cumin, gingembre, carvi, cannelle, girofle, muscade.

Variantes

On peut prévoir large et cuisiner une volaille entière qui sera débitée en morceaux et cuite dans une cocotte. Il suffit d'adapter les quantités de légumes et de riz.

Cette recette se décline aussi en remplaçant le riz par une autre céréale (orge, quinoa, boulgour) ou par des lentilles, en variant les légumes au fil des saisons ou en choisissant des morceaux de bœuf ou de porc, voire de poissons à chair ferme, plutôt que de poulet.

Riz cantonais

Apport de protéines : 21,5 g (47 % végétales)

Préparation : 10 min / **Confection globale :** 20 à 30 min[32]

Pour 4 personnes

300 g de riz semi-complet
1 oignon
2 c. à soupe d'huile d'olive
150 g de blanc de poulet
300 g de petits pois bio en conserve
3 œufs
Sel et poivre
1 c. à soupe de tamari

Cuire le riz et réserver. Faire revenir l'oignon à la poêle dans 1 c. à soupe d'huile, le poulet coupé en dés et les petits pois. Réserver.

Dans la même poêle, saisir les œufs préalablement battus, salés et poivrés, puis couper l'omelette obtenue en petites lanières. Réserver.

Réunir le riz, l'oignon, le poulet, les petits pois et les lanières d'omelette dans une même poêle avec l'huile restante et le tamari. Cuire à feu moyen et mélanger régulièrement pendant 2 minutes. Rectifier et servir chaud.

Au lieu de l'omelette, il est aussi possible de préparer des œufs brouillés plus goûteux, qui se mélangeront plus intimement au riz.

32 Selon le temps de cuisson du riz.

Plat mixte associant protéines végétales, produits carnés et produits de la mer

Paëlla

Apport de protéines : 30 g (33 % végétales)

Préparation : 40 min / **Confection globale :** 1 h 30

Pour 4 personnes

400 g de riz semi-complet
150 g de filet de poulet
100 g de chorizo doux
⅓ de l de moules fraîches
200 g de calamars (2 petits encornets frais nettoyés par votre maraîcher)
8 crevettes roses cuites
2 oignons
2 échalotes
2 gousses d'ail
1 petit poivron jaune
1 petit poivron vert
4 tomates bien mûres[33]
1 bouquet de persil plat
100 g de petits pois frais à écosser (ou en conserve, rincés)
1 cube de bouillon de légumes
1 cube de bouillon de volaille
1 c. à café de safran
1 c. à soupe d'algues « salade du pêcheur »
25 cl de vin blanc sec
40 g de concentré de tomates bio
1 c. à café de piment d'Espelette
5 c. à soupe d'huile d'olive
1 citron jaune
Sel et poivre

Bien laver et égoutter le riz. Débiter le filet de poulet en cubes de 3 cm. Couper le chorizo en fines rondelles. Bien gratter les barbes des moules et les rincer. Laver les calamars et les crevettes, puis les éponger dans du papier absorbant.

Couper les calamars en anneaux et lanières, décortiquer les queues de crevettes en conservant l'extrémité décorative de la queue.

Émincer et mélanger les oignons, les échalotes et une gousse d'ail dégermés. Peler et réserver la deuxième gousse d'ail. Couper les poivrons épépinés, ainsi que les tomates pelées et épépinées en petits dés. Ciseler le persil, réserver dans un ramequin. Écosser les petits pois.

Dans une poêle huilée, saisir et dorer le poulet et le chorizo durant 3 minutes. Réserver.

Délayer les cubes de bouillon dans 1 litre d'eau chaude. Ajouter le safran, les deux-tiers du persil ciselé, les paillettes d'algues et poivrer.

Dans une poêle huilée à bords relevés (ou un wok), faire revenir les deux-tiers des aulx émincés avec 1 pincée de sel. Ajouter les poivrons et les petits pois frais (s'ils sont en conserve, les ajouter en fin de cuisson du riz). Après 5 minutes de cuisson, verser le riz, en remuant régulièrement pendant 3 minutes, puis déglacer avec 20 cl de vin blanc.

Ajouter les tomates, le concentré de tomate et le piment d'Espelette. Bien mélanger, puis ajouter le poulet et le chorizo.

33 Les tomates fraîches et le concentré de tomate peuvent être remplacés hors saison par 300 g de sauce tomate bio.

Mélanger à nouveau, puis mouiller à hauteur avec le bouillon chaud. Porter à ébullition, réduire à feu doux et cuire 20 minutes.

Pendant ce temps, dorer les calamars 3 minutes dans une poêle huilée, en remuant régulièrement. Ajouter le jus du citron, 1 pincée de sel, le reste de persil, puis râper la gousse d'ail restante au-dessus de la préparation. Bien mélanger et prolonger la cuisson pendant 1 minute. Réserver au chaud. Hacher le zeste du citron et réserver.

Dans une casserole, cuire les moules pendant 5 minutes avec le reste d'aulx et de vin blanc (5 cl). Remuer vigoureusement à plusieurs reprises, jusqu'à ce qu'elles soient bien ouvertes et les prélever sans attendre, à l'aide d'une écumoire. Éliminer les moules qui sont restées fermées. Mélanger les moules décoquillées aux calamars et verser leur jus de cuisson dans le reste de bouillon.

Ajouter un peu de bouillon à la paëlla, au fur et à mesure qu'il est absorbé par le riz.

Lorsque le riz est *al dente*, parsemer du mélange de calamars, crevettes et moules, puis saupoudrer de zeste de citron.

Servir sans tarder ou couvrir et réchauffer en arrosant avec un peu de bouillon chaud.

Variante

Pour transformer cette paëlla en **risotto marin**, remplacer le poulet et le chorizo par 300 g de poisson à chair ferme (cabillaud). Le débiter en cubes de 3 cm, saler, poivrer et faire mariner 5 minutes avec le jus d'un citron. Saisir et faire dorer 2 minutes dans une poêle huilée, puis laisser mijoter à couvert 5 minutes. Le poisson peut aussi se déguster cru mariné 10 minutes. Déposer sur le riz avec le mélange calamars, crevettes et moules.

Plats mixtes associant protéines végétales et produits de la mer

Couscous de poisson

Apport de protéines : 20 g (56 % végétales)
Préparation : 40 min / **Confection globale :** 1 h 30

Pour 8 personnes

50 g de raisins secs
30 g de figues sèches
1 pincée de curry doux
200 g de pois chiches secs (ou 1 bocal)
2 cubes de bouillon de légumes
5 brins de persil plat
3 brins de thym
3 feuilles séchées de laurier
3 c. à soupe d'huile d'olive
2 oignons
2 gousses d'ail
1 c. à café de cumin en poudre
1 c. à café de curcuma
1 c. à café de paprika
5 carottes
2 panais
2 poireaux
2 branches de céleri
2 courgettes
400 g de dos de colin (ou autre poisson blanc à chair ferme)
3 citrons
400 g de couscous complet précuit
Sel fin aux herbes

Au préalable, dans un bol d'eau tiède, faire tremper les raisins secs et les figues détaillées en petits dés avec le curry pendant 4 heures.

Cuire les pois chiches à l'eau, préalablement trempés (p. 78).

Délayer les 2 cubes de bouillon dans 1,5 l d'eau chaude et ajouter le persil, le thym et le laurier.

Faire revenir à l'huile d'olive les aulx dégermés et ciselés avec les épices et 1 pincée de sel. Ajouter les carottes et les panais en rondelles, bien mélanger. Ajouter le bouillon, porter à ébullition, réduire à feu doux et laisser mijoter à couvert 10 minutes.

Ajouter les poireaux et les côtes des branches de céleri coupées en petits tronçons (hacher grossièrement les feuilles au couteau et réserver pour la décoration), les courgettes en petits dés et laisser à nouveau mijoter 15 minutes. Égoutter les légumes, enlever le bouquet garni et réserver le bouillon.

Pendant la cuisson des légumes, débiter le poisson en cubes de 3 cm, saler, poivrer, et faire mariner 5 minutes dans le jus d'un citron. Dans une poêle huilée, saisir et faire dorer de tous côtés pendant 5 minutes. Réserver.

Dans un grand faitout, mélanger les légumes, les pois-chiches, les fruits réhydratés avec leur eau de trempage et le bouillon. Goûter, rectifier, amener au point d'ébullition, réduire à feu doux et laisser mijoter 2 minutes, avant d'ajouter le couscous précuit et le poisson. Mélanger délicatement le tout, couvrir, retirer du feu, puis laisser gonfler et reposer 5 minutes.

Servir le couscous dans un grand saladier boule. Parsemer de feuilles de céleri ciselées et accompagner de quartiers de citron.

Rougail de poisson et rougail mangue verte

Apport de protéines : 37 g (43 % végétales)

Préparation : 45 min / **Confection globale :** 1 h 10

Pour 4 personnes

Pour le rougail de poisson

200 g de morue séchée salée[34]
2 oignons
2 gousses d'ail
6 tomates bien mûres[35]
1 piment rouge[36]
1 piment vert
3 c. à soupe d'huile d'olive
40 g de concentré de tomates bio
Sel et poivre

Pour le rougail de mangue

1 mangue verte,
1 piment rouge[37]
20 g de gingembre frais
Le jus d'1 citron vert
2 c à soupe d'huile d'olive
Sel

Accompagnement

300 g de riz basmati semi-complet
300 g de haricots rouges cuits

Préparer le rougail de poisson

Dessaler la morue séchée dans de l'eau froide pendant 12 heures. Rincer et porter à ébullition à deux reprises : lorsque la première eau parvient à ébullition, recommencer l'opération dans une deuxième eau, puis passer sous l'eau froide. Éponger et enlever la peau avant d'émietter la chair en éliminant toutes les arêtes. S'il s'agit de morue fraîche salée, le dessalage n'est pas utile, passer directement à la cuisson à l'eau. S'il s'agit d'un poisson frais à chair ferme, le débiter en morceaux, citronner et rissoler. Réserver.

Émincer les aulx dégermés, peler et couper les tomates épépinées en petits dés, ajouter un peu de sel et réserver dans un saladier. Couper les piments en deux avant de les tronçonner.

Dans une poêle huilée à bords relevés (ou une cocotte), saisir la morue, remuer régulièrement, jusqu'à ce que les miettes soient bien dorées, puis ajouter les aulx et mélanger régulièrement pendant 1 minute. Ajouter les piments (ou poivrons), les tomates et le concentré de tomate. Bien mélanger et laisser mijoter à petit feu et à découvert (pour éviter que le poisson ne perde trop de son croustillant) durant 8 à 10 minutes. Goûter, rectifier éventuellement.

34 Il est possible également d'utiliser de la morue fraîche salée ou du poisson frais à chair ferme.

35 Les tomates fraîches et le concentré peuvent être remplacés hors saison par 400 g de sauce tomate bio.

36 Les piments peuvent être remplacés par un petit poivron vert et un petit poivron rouge coupés en petits dés et 1 c. à café de piment d'Espelette pour ceux qui n'apprécient pas le feu du piment.

37 Ici aussi, le piment peut être remplacé par un petit poivron rouge coupé en petit dés et 1 pincée de piment d'Espelette.

Préparer le rougail de mangue verte

Éplucher la mangue, puis récupérer sa chair en la quadrillant à l'aide d'un grand couteau.

Hacher finement le piment. Peler et couper le morceau de gingembre en petits dés.

Dans un grand bol, dissoudre le sel dans le jus de citron, ajouter l'huile, mélanger, puis ajouter le gingembre, le piment et la chair de mangue. Bien mélanger et réserver au réfrigérateur jusqu'au repas.

Dresser

Servir dans de grandes assiettes en déposant une portion de rougail de morue accompagnée de deux timbales de riz et de haricots rouges réchauffés, et agrémenté de rougail de mangue verte.

Joues de lotte au lait de coco

Apport de protéines : 26 g (34 % végétales)
Préparation : 20 min / **Confection globale :** 50 min

Pour 4 personnes

400 g de joues de lotte[38]
Le jus d'1 citron vert
2 c. à soupe d'algues « salade du pêcheur »
2 oignons
2 échalotes
1 poivron rouge
1 poivron jaune
2 courgettes
1 poireau
300 g de champignons de Paris
1 c. à soupe de persil séché
1 c. à soupe d'herbes de Provence
40 cl de lait de coco
1 c. à soupe de curry doux
1 c. à café de piment d'Espelette
2 c. à soupe d'huile d'olive
500 g de riz basmati cuit
Sel et poivre

Parer les médaillons de joues de lotte, couper les plus volumineux en deux et les disposer dans un saladier. Arroser de jus de citron, saupoudrer d'algues en paillettes, saler et mélanger. Réserver.

Émincer les aulx dégermés et détailler les poivrons en petits cubes. Couper les courgettes non épluchées (si bio) en quatre, dans le sens de la longueur, puis en tronçons de 2 cm. Couper le poireau (en conservant le vert) en deux, dans le sens de la longueur, puis en tronçons de 2 cm. Émincer les champignons et saler légèrement. Réserver chaque légume séparément dans des ramequins et saupoudrer de persil et d'herbes de Provence.

Dans un saladier, verser le lait de coco, ajouter le curry doux, le piment d'Espelette et mélanger.

Dans une cocotte (ou une poêle à bords relevés), faire revenir les aulx pendant 1 minute à l'huile d'olive, puis ajouter successivement les légumes pour les braiser à l'étouffée (p. 79) : commencer par les poivrons (en réservant quelques dés pour la décoration), puis incorporer successivement, toutes les 3 minutes, les courgettes, les champignons et le poireau. Bien mélanger après chaque ajout et laisser mijoter 5 minutes à couvert.

Mouiller avec le lait de coco, mélanger et laisser frémir 5 minutes à découvert pour que la sauce réduise. Ajouter les joues de lotte, mélanger délicatement et laisser mijoter 5 minutes.

Transvaser dans un plat creux préchauffé. Accompagner de riz basmati réchauffé, servi dans des bols individuels décorés de petits dés rouges et jaunes de poivrons.

---

38 Il est également possible d'utiliser des joues de cabillaud ou d'autres poissons à chair ferme à débiter en cubes de 3 à 4 cm.

Crumble de poisson

Apport de protéines : 24,5 g (27 % végétales)
Préparation : 30 minutes / **Confection globale :** 1 h

Pour 4 personnes

400 g de chair ferme de poisson (filets, darnes, pavés, joues, etc.)
1 oignon
1 échalote
1 petit poireau
200 g de champignons de Paris
Le jus d'1 citron
2 c. à soupe d'algues « salade du pêcheur »
1 pâte à crumble salée *(p. 95)*
1 c. à soupe d'herbes de Provence
Sel et poivre

Parer et cuire le poisson dans une eau légèrement salée ou faire rissoler. Réserver.

Pendant ce temps, émincer les aulx, le poireau et les champignons. Ajouter un peu de sel, mélanger et réserver.

Émietter la chair de poisson tiédie, arroser de jus de citron, saupoudrer de paillettes d'algues, goûter et rectifier (sel et poivre).

Dans un saladier, bien mélanger le poisson et les légumes. Transvaser dans un moule à tarte, bien répartir, recouvrir de pâte à crumble, parsemer d'herbes de Provence et tasser avec le dos d'une spatule.

Cuire 10 minutes à four chaud, puis 10 minutes à four moyen. Servir chaud accompagné d'une salade.

Variantes
Décliner cette recette en **crumble marin**. Pour ce faire, opter pour un méli-mélo de poisson et de fruits de mer cuits (crevettes, chair de crabe, moules, calamar émincé...).
Il est également possible de réaliser **des crumbles anti-gaspi** avec des restes de repas et quelques filets de poissons en conserve (sardines, thon, maquereau...).

Tartare de poissons aux lentilles

Apport de protéines : 26 g (43 % végétales)
Préparation : 25 min / **Confection globale :** 30 min

Préparer un hachis aromatique : ciseler et émincer finement la ciboulette, l'aneth (en réservant quelques brins pour la décoration), les échalotes, les oignons blancs, les cornichons et les câpres. Mélanger le tout avec un peu de sel et la pincée de piment, réserver.

Couper le cabillaud et le saumon en petits cubes, arroser de jus de citron et d'huile d'olive, saler et réserver 15 minutes.

Préparer une salade de lentilles assaisonnée de vinaigrette (huile de noix, moutarde, tamari, sel et poivre).

Diverses présentations sont possibles, en verrines ou en timbales (réalisées à l'aide de cercles de présentation hauts). Il est possible de mêler les trois préparations (hachis aromatique, tartare de poissons et salade de lentilles) ou d'alterner les couches. Parsemer d'aneth.

Pour 4 personnes

4 brins de ciboulette
3 branches d'aneth
2 échalotes
2 oignons blancs
4 cornichons
1 c. à soupe de câpres
1 pincée de piment d'Espelette
1 dos de cabillaud (150 g)
1 pavé de saumon (150 g)
Le jus de 2 citrons
2 c. à soupe d'huile d'olive
400 g de lentilles vertes cuites
3 c. à soupe d'huile de noix
1 c. à café de moutarde
1 c. à soupe de tamari
Sel et poivre

Desserts

Tartes aux fruits et crumbles

Tarte aux prunes

Apport de protéines : 3,5 g (végétales)
Préparation : 30 min / **Confection globale :** 1 h

Pour 8 personnes

1 pâte brisée sucrée (p. 93)
600 g de prunes bien mûres (200 g de reines-claudes, 200 g de quetsches, 200 g de mirabelles)
100 g de sucre de canne complet
20 g de semoule de blé dur (ou de chapelure)
50 g de poudre de noisette
300 g de fromage blanc + 1 sachet de sucre vanillé (facultatif)

Préparer la pâte et prévoir un temps de repos de 30 minutes.

Rincer et dénoyauter les prunes avant de les couper en deux ou quatre selon leur taille.

Dans un saladier, saupoudrer les prunes avec les deux-tiers du sucre, mélanger délicatement et laisser mariner 20 minutes. Passer au tamis en pressant avec le dos d'une spatule en bois pour recueillir et réserver le jus au frais.

Foncer un plat à tarte, recouvrir la pâte d'une fine couche de semoule de blé dur, répartir les prunes, saupoudrer avec le reste de sucre et tasser légèrement avec le dos de la spatule.

Cuire 20 minutes à four chaud, puis 10 minutes à four moyen. Au sortir du four, saupoudrer de poudre de noisette (pour le mariage des saveurs, pour ses qualités nutritionnelles et pour absorber l'excès de jus des prunes).

Verser le jus frais des prunes en filet sur chaque part de tarte. Accompagner éventuellement de fromage blanc battu avec le sucre vanillé (dans ce cas, l'apport de protéines par personne est de 6 g).

Variantes
Il est possible d'ajouter aux fruits frais 100 g de fruits à coque en poudre ou concassés. L'apport de protéines sera un peu plus intéressant (+ 2 g/pers avec des noix ou noisettes, + 3 g/pers avec des pistaches ou des amandes).

Crumble aux pommes

Apport de protéines : 6 g (végétales)

Préparation : 25 min / **Confection globale :** 1 h

Pour 8 personnes

8 pommes
Le jus d'1 citron
50 g de sucre
1 c. à café de cannelle
1 pâte à crumble sucrée (p. 95)

Éplucher et détailler les pommes en petits dés.

Dans un saladier, mélanger délicatement les pommes et le jus de citron. Ajouter le sucre et la cannelle, mélanger délicatement et laisser mariner 15 à 20 minutes avant de faire compoter le mélange 5 minutes à feu doux et à couvert.

Pendant ce temps, préparer la pâte à crumble. Répartir les pommes dans un moule à tarte, saupoudrer de crumble et tasser avec le dos d'une spatule. Cuire 20 minutes à four chaud, puis 10 minutes à four moyen, afin que le dessus soit joliment doré (sans brûler).

Servir tiède ou froid, accompagné éventuellement de crème fraîche, de fromage blanc au sucre vanillé, de crème anglaise, de glace à la vanille…

Variantes

Crumble aux fruits juteux : remplacer la compotée de pomme par une marinade de fruits sucrés (voir les recettes de tartes précédentes). En seconde partie de cuisson, saupoudrer le crumble de 50 g de poudre de fruits à coque pour absorber l'excès de jus rendu par la cuisson.

Crumble de banane aux pépites de chocolat : écraser grossièrement 4 à 6 bananes, ajouter 150 g de pépites de chocolat, mélanger et recouvrir de pâte à crumble.

Tarte aux baies rouges et au fromage blanc coco-pistache

Apport de protéines : 15 g (33 % végétales)
Préparation : 30 min / **Confection globale :** 1 h

Pour 8 personnes

1 pâte brisée sucrée (p. 93)
100 g de framboises
100 g de myrtilles (ou de cassis)
100 g de mûres
100 g de canneberges séchées
50 g de sucre de canne complet
70 g de noix de coco râpée
70 g de pistaches concassées
3 œufs
400 g de fromage blanc à 20 % (ou 0 %)

Préparer la pâte en prévoyant un temps de repos de 30 min.

Rincer et détailler les baies fraîches. Verser dans un saladier, ajouter les canneberges, saupoudrer de sucre, bien mélanger et laisser mariner 15 minutes.

Dans un petit saladier, mélanger la noix de coco râpée et les pistaches concassées, réserver.

Foncer un moule à tarte. Battre les œufs, ajouter le fromage blanc, la moitié du mélange coco-pistaches, les baies marinées et leur jus. Bien mélanger et garnir le fond de tarte.

Cuire 20 minutes à four chaud, puis 10 minutes à four moyen.

Saupoudrer la tarte tiède avec le reste du mélange coco-pistaches.

Tarte aux fraises et aux amandes

Apport de protéines : 14 g (80 % végétales)
Préparation : 10 min / **Confection globale :** 20 min

Pour 8 personnes

250 g de pâte brisée sucrée (p. 93)
½ capsule de cardamone
150 g d'amandes mondées
2 blancs d'œufs
1 c. à soupe de sirop d'érable
Le zeste d'1 citron
600 g de fraises
Sel

Préparer la pâte à tarte. Piler la cardamone et les amandes. Battre les blancs d'œufs en neige avec une pincée de sel. Incorporer délicatement les amandes, la cardamone, le sirop d'érable et le zeste de citron.

Foncer un moule à tarte et faire cuire à blanc le fond de tarte pendant 20-25 minutes à 180 °C. Sortir du four, baisser la température à four très doux, répartir la préparation sur la pâte cuite, ajouter les fraises et enfourner de nouveau pendant quelques minutes, jusqu'à ce que les blancs prennent.

Gâteaux

Gâteau de riz coco aux fruits à coque

Apport de protéines : 14 g (50 % végétales)

Préparation : 10 min / **Confection globale :** 50 min

Pour 8 personnes

150 g de riz rond semi-complet
1 l d'eau
Gros sel
75 cl de lait de soja vanillé[39]
50 g de sucre de canne complet
80 g de noix de coco râpée
50 g de poudre d'amande
50 g de pistaches
30 g de canneberges séchées
3 œufs entiers

Bien laver et égoutter le riz avant de le cuire 15 minutes dans l'eau légèrement salée. Égoutter et poursuivre la cuisson à feu modéré avec le lait et le sucre, jusqu'à absorption complète du lait.

Aérer le riz à l'aide d'une fourchette, puis incorporer délicatement la noix de coco râpée, la poudre d'amande, les pistaches grossièrement concassées au mortier et les canneberges.

Ajouter les œufs battus, bien mélanger et verser dans un moule à manqué.

Cuire 20 minutes à four chaud. Servir tiède ou froid.

Variantes

Le riz peut être remplacé par du quinoa, qui se prête aussi très bien aux desserts sucrés. On peut bien sûr varier les fruits à coque.

39 Remplacer éventuellement par 75 cl de lait de vache écrémé, dans lequel on a fait infuser une gousse de vanille fendue, en le portant au point d'ébullition.

Risotto de quinoa chocolaté

Apport de protéines : 6 g (végétales)
Préparation : 10 min / **Confection globale :** 30 min

Pour 8 personnes

150 g de quinoa
75 cl de lait de soja vanillé
2 c. à soupe de sucre de canne complet
4 c. à soupe de ganache au chocolat noir (p. 97)

Laver et égoutter le quinoa avant de le dorer 2 minutes à sec dans une poêle.

Dans une casserole, chauffer le lait de soja avec le sucre de canne. Dès les premiers frémissements, verser sur le quinoa et laisser mijoter à feu modéré, jusqu'à absorption complète du lait.

Égrainer le quinoa pour bien l'aérer, verser ganache et mélanger délicatement.

Répartir le risotto dans des coupes individuelles. Réserver et servir bien frais.

Variantes
Cette recette se décline en remplaçant le quinoa par du riz rond ou du millet, et le chocolat par de la crème de marron maison (12 châtaignes mixées avec 4 c. à soupe de crème fraîche ou de soja et 2 c. à soupe de sirop d'agave) ou par un coulis de fruits.

Gâteau de riz aux amandes

Apport de protéines : 19 g (75 % végétales)
Préparation : 15 min / **Confection globale :** 50 min

Pour 8 personnes

300 g de riz semi-complet
30 cl de lait de soja
1 gousse de vanille
2 œufs
200 g de ricotta (ou de fromage de banc maigre)
1 c. soupe de sucre roux (ou complet)
150 g d'amandes mondées

Cuire le riz 35 minutes à feu doux avec le lait de soja et la vanille.

Laisser refroidir, puis ajouter les jaunes des œufs, la ricotta, le sucre et les blancs montés en neige.

Verser dans un moule rond graissé, déposer les amandes sur le dessus et cuire 35 minutes à 170 °C. Les amandes doivent légèrement griller.

Fougasse provençale

Apport de protéines pour 100 g : 8 g (végétales)
Préparation : 15 min / **Confection globale :** 1 h 15

Pour 8 personnes

½ cube de levure fraîche
500 g de farine T80
100 g d'amandes
60 g de pignons
100 g de sucre roux (ou complet)
2 œufs
2 c. à soupe d'huile d'olive
2 c. à soupe d'eau de fleur d'oranger
1 c. café de graines de fenouil (ou d'anis)
Sel

Délayer la levure dans un peu d'eau tiède, ajouter 150 g de farine, mélanger et laisser lever 1 heure.

Concasser les amandes et les pignons, ajouter le sucre.

Pétrir le mélange levure-farine avec le reste de farine, puis incorporer les œufs, les fruits à coque, l'huile et l'eau de fleur d'oranger. Former une boule et laisser lever environ 2 heures.

Huiler un moule à tarte, déposer la pâte, l'étendre à la main et parsemer de graines de fenouil. Cuire 1 heure à 170 °C.

Quatre-quarts

Apport de protéines : 10 g (33 % végétales)

Préparation : 10 min / **Confection globale :** 40 min

Pour 8 personnes

2 beaux œufs
100 g de sucre de canne complet[40]
130 g de farine T80
1 sachet de levure de boulanger déshydratée
130 g de beurre pommade

Séparer les blancs d'œufs des jaunes. Battre les jaunes avec le sucre, jusqu'à ce que le mélange blanchisse. Incorporer progressivement la farine, la levure, puis le beurre pour obtenir une pâte onctueuse. Monter les blancs en neige et les incorporer progressivement.

Répartir la pâte dans un moule à cake (ou à manqué). Cuire 10 minutes à four moyen, puis 20 minutes à four chaud. Tester la cuisson avec la pointe d'un couteau.

Démouler lorsque le quatre-quarts est tiède.

Servir tiède ou froid, accompagné éventuellement de fromage blanc vanillé ou de crème anglaise.

Variantes

Quatre-quarts au chocolat : incorporer 100 g de pépites de chocolat noir à la pâte.

Quatre quarts aux fruits à coque : incorporer à la pâte 50 g de noix de coco râpée et 50 g de poudre de noisette ou d'amande, ou 50 g de noix, noix de cajou ou pistaches finement concassées. L'apport moyen de protéines supplémentaire est de 2,5 g par personne.

Quatre-quarts à l'ananas façon tatin : parer un bel ananas mûr et le détailler en 6 tranches de 1 cm d'épaisseur. Enlever le cœur fibreux à l'aide d'un vide-pomme. Émietter et presser le reste de la chair pour en recueillir le jus. Incorporer la chair émiettée et le jus à la pâte. Disposer les tranches d'ananas au fond d'un moule à manqué : une tranche au centre et les cinq autres autour. Verser la pâte par-dessus. En démoulant, les tranches d'ananas dorées et parfumées apparaissent sur le dessus du gâteau.
Cette variante convient aussi aux poires, pommes, bananes (fruits à chair consistante) découpées en petits cubes ou en rondelles déposés au fond du moule.

40 Dans les recettes classiques, la pâte des quatre-quarts se compose à parts égales d'œufs, de sucre, de farine et de beurre. Ici, la proportion de sucre est réduite, le sucre de canne complet ayant un pouvoir sucrant plus important.

Gâteau aux pistaches

Apport de protéines : 13 g (60 % végétales)

Préparation : 5 min / **Confection globale :** 35 min

Séparer les blancs d'œufs des jaunes. Battre les jaunes avec le sucre, jusqu'à ce que le mélange blanchisse. Incorporer progressivement le beurre, les pistaches finement concassées au mortier et la noix de coco râpée pour obtenir une pâte dans laquelle on incorpore progressivement les blancs d'œufs montés en neige.

Verser la pâte dans un moule à tarte et cuire 30 minutes à four chaud. Servir tiède ou froid.

Pour 8 personnes

2 beaux œufs

100 g de sucre de canne complet

50 g de beurre pommade

150 g de pistaches

50 g de noix de coco râpée

Variantes

Remplacer les pistaches par un autre fruit à coque finement concassé (noisettes, amandes, noix, pignons, noix de cajou), toujours associé à la noix de coco râpée.

Gâteau aux carottes et noix de cajou

Apport de protéines : 13 g (70 % végétales)

Préparation : 10 min / **Confection globale :** 40 min

Dans une poêle huilée, attendrir les carottes râpées avec les épices, à couvert et à feu doux, pendant 10 minutes. Remuer délicatement de temps en temps.

Dans un saladier, battre les œufs, le sucre et le miel, puis ajouter progressivement la farine, les flocons, le bicarbonate, les noix de cajou finement concassées au mortier et les carottes râpées. Bien mélanger et verser dans un moule à manqué.

Cuire 30 minutes à four chaud. Tester avec la pointe d'un couteau. Servir tiède ou froid.

Pour 8 personnes

2 c. à soupe d'huile d'olive

200 g de carottes râpées

1 pincée d'anis étoilé en poudre

1 pincée de gingembre en poudre

2 œufs

50 g de sucre de canne complet

30 g de miel liquide

50 g de farine T80

50 g de flocons d'avoine

1 c. à café de bicarbonate alimentaire

100 g de noix de cajou

Pain perdu vanillé

Apport de protéines : 15 g (60 % végétales)

Préparation : 8 min / **Confection globale :** 15 min

Pour 8 personnes

2 œufs

1 pincée de cannelle

30 cl de lait de soja vanillé

8 tranches de pain semi-complet rassis

2 c. à soupe d'huile d'olive

8 c. à café de sucre de canne complet

Battre les œufs en omelette avec la cannelle. Ajouter le lait et bien mélanger. Faire tremper les tranches de pain 1 à 2 minutes dans ce mélange.

Dans une poêle huilée, dorer les tranches sur chaque face, saupoudrer de sucre et servir sans tarder.

Napper éventuellement de crème anglaise (p. 97), de purée d'amande ou de noisette, de fromage blanc, de coulis de fruits, ou parsemer de quelques framboises ou autres fruits rouges… Les restes de pain peuvent se transformer en dessert savoureux.

Pain perdu aux fruits

Apport de protéines : 12 g (48 % végétales)

Préparation : 10 min / **Confection globale :** 30 min

Pour 8 personnes

400 g d'un assortiment de fruits très mûrs[41]

1 c. à soupe de sucre de canne complet

200 g de pain semi-complet rassis

3 œufs

1 pincée de cannelle

30 cl de lait de soja vanillé

1 c. à soupe de sirop d'agave

Détailler les fruits en morceaux ou en rondelles, ajouter le sucre et mélanger.

Couper le pain en cubes de 2 à 3 cm. Dans un saladier, mélanger le pain, les œufs battus, la cannelle, le lait et le sirop d'agave. Ajouter les fruits et leur jus, mélanger délicatement et transvaser dans un moule à manqué.

Cuire 20 minutes à feu moyen.

Servir tiède, tel quel, ou agrémenté d'un coulis rapidement préparé avec une partie des fruits juteux très mûrs réduits en purée et marinés au sucre de canne complet.

---

41 Au choix : pêches, prunes, poires, pommes, agrumes, bananes… En profiter pour utiliser les fruits qui s'abiment.

Desserts aux légumineuses

Crème de tofu chocolatée aux noix

Apport de protéines : 12 g (végétales)
Préparation : 5 min / **Confection globale :** 15 min

Pour 8 personnes

10 cl de lait de soja vanillé environ
4 c. à soupe de cacao en poudre
4 c. à soupe de sucre de canne complet
350 g de tofu soyeux
50 g de cerneaux de noix

Chauffer le lait de soja vanillé avec le cacao et le sucre pendant 8 minutes à feu moyen. Remuer au fouet régulièrement et rectifier avec un peu de lait de soja pour obtenir une consistance crémeuse. Laisser reposer et tiédir quelques minutes.

Fragmenter le tofu soyeux et le mixer 30 secondes au robot avec le lait chocolaté. Ajouter éventuellement encore un peu de lait de soja pour obtenir une crème bien homogène.

Répartir la préparation dans des coupes individuelles et saupoudrer de noix finement concassées. Réserver au frais.

Biscuits aux pois chiches et aux noisettes

Apport de protéines pour 100 g : 12 g (végétales)
Préparation : 10 min / **Confection globale :** 20 min

Pour 8 personnes

200 g de farine de pois chiche
50 g de noisettes
1 c. de café de cannelle
1 pincée de sel
3 c. à soupe de sirop d'érable (ou de sucre de canne complet)
4 c. à soupe d'huile de sésame (ou d'arachide)
Eau

Dans une poêle, faire griller légèrement la farine de pois chiche et les noisettes concassées en remuant. Verser dans un saladier, ajouter la cannelle et le sel et mélanger. Incorporer le sirop d'érable et l'huile. Ajouter un peu d'eau pour obtenir une pâte compacte.

Former de petites boules à la main et les disposer sur une plaque à four recouverte de papier cuisson. Cuire 10 minutes à 200 °C. À la sortie du four, les biscuits doivent toujours être légèrement moelleux au centre. Ils durciront en refroidissant.

Crème d'azukis, dite « anko »

Apport de protéines pour 100 g : 12,5 g (végétales)

Préparation : 20 min / **Confection globale :** 1 h 50 / **Repos :** 1 à 5 h

Ingrédients

500 g d'azukis

300 à 500 g de sucre roux

Rincer les azukis plusieurs fois à l'eau froide avant de les blanchir à deux ou trois reprises (pour éliminer l'âpreté du haricot). Pour ce faire, les recouvrir d'eau froide dans une casserole, porter à ébullition, stopper le feu et refroidir brusquement en plaçant la casserole sous le robinet d'eau froide. Vider l'eau prudemment jusqu'au niveau initial et répéter l'opération au moins une fois.

Cuire 1 petite heure. Ajouter de l'eau au fur et à mesure si nécessaire. Remuer régulièrement à partir de 30 minutes de cuisson.

Faire un test de cuisson : écraser un haricot entre les doigts, la texture doit être lisse. Si elle est encore granuleuse, poursuivre la cuisson à feu doux.

Laisser reposer 1 heure à couvert, puis retirer du jus de cuisson s'il dépasse de 1 cm au-dessus des azukis (ne pas hésiter à le boire !).

Ajouter le sucre et laisser reposer 5 heures idéalement (ou 1 heure minimum) pour laisser le temps au sucre de pénétrer au cœur des azukis.

Faire compoter la crème à petit feu en remuant de temps en temps, jusqu'à obtenir la texture souhaitée, sachant qu'en refroidissant, la crème épaissit sensiblement. Quand elle est froide, celle-ci doit retomber de la cuillère en formant « une montagne ».

Utilisations

Si cette crème est la garniture de base de la pâtisserie japonaise, elle peut aussi trouver sa place dans notre cuisine : sur des tartines ou des crêpes, dans des gâteaux (gâteaux basques, quatre-quarts, biscuits roulés), dans des mueslis de céréales, etc. Elle se conserve 1 semaine au réfrigérateur et peut se congeler.

Dorayakis[42]

Apport de protéines : 16 g (60 % végétales)

Préparation : 20 min / **Confection globale :** 20 min

Pour 10 dorayakis

3 œufs
200 g de sucre roux
2 c. à soupe de miel
110 g d'eau
240 g de farine T80
4 g de bicarbonate alimentaire
1 c. à soupe d'huile d'olive (ou de sésame)
400 g de crème d'azukis (anko)

Mélanger les œufs et le sucre, puis ajouter le miel et la moitié de l'eau. Incorporer rapidement la farine à la préparation. Réserver la pâte 30 minutes.

Dissoudre le bicarbonate dans le reste d'eau et l'incorporer à la pâte.

Préchauffer le four et sa plaque à pâtisserie à 190 °C. À l'aide d'une petite louche, déposer des disques de pâte sur la plaque d'environ 9 cm de diamètre, puis enfourner. Lorsque des bulles apparaissent sur toute la surface des disques, les retourner à l'aide d'une spatule en métal. Cuire très brièvement la deuxième face et réserver les petites crêpes obtenues sur une grille.

Avant complet refroidissement, les garnir deux par deux avec de la crème d'azukis. Réserver à l'abri de l'air.

42 Cette recette et la précédente nous ont été aimablement communiquées par Cécile Didierjean, créatrice et animatrice du site azukiya.fr consacré à la pâtisserie japonaise. Nous l'en remercions.

Desserts au chocolat noir

Gâteau au chocolat et sa ganache aux canneberges

Apport de protéines : 11 g (27 % végétales)
Préparation : 30 min / **Confection globale :** 1 h 15 min

Pour 8 personnes

100 g de canneberges séchées
200 g de chocolat noir à cuire à 70 %
120 g de beurre pommade
4 œufs
100 g de sucre de canne complet
120 g de farine T80
1 sachet de levure de boulanger déshydratée
1 ganache au chocolat noir (p. 97)

Préparer le gâteau

Hacher un tiers des canneberges au couteau.

Faire fondre le chocolat au bain-marie avec le beurre. Lisser à l'aide une spatule, puis laisser tiédir. Séparer les blancs d'œufs des jaunes.

Battre les jaunes avec le sucre, ajouter le chocolat, la farine, la levure, les canneberges entières et bien mélanger.

Monter les blancs en neige ferme, puis les incorporer délicatement en deux temps.

Verser dans un moule à manqué. Cuire 25 minutes à four chaud, puis 20 minutes à four moyen. Surveiller la cuisson. Le gâteau doit rester coulant à cœur. Tester avec la pointe d'un couteau au centre qui doit ressortir humide. Laisser tiédir et démouler.

Préparer la ganache.

Ajouter les canneberges hachées au chocolat fondu avant de mélanger avec la crème fraîche.

Napper le gâteau de ganache et réserver au frais ou servir la ganache chaude, dans un récipient à part, pour que chaque convive puisse napper sa part de gâteau à sa convenance.

Cette recette se décline en remplaçant les canneberges par des raisins, des abricots, de l'ananas séché, des pistaches, des noix, des noisettes… La ganache peut constituer un dessert à elle seule accompagnée de biscuits.

Mousse au chocolat classique et sa variante au tofu

Apport de protéines : 11 g (28 % végétales)
Préparation : 15 min / **Confection globale :** 25 min

Pour 8 personnes

170 g de chocolat noir à 70 %
20 g de noix de coco râpée
20 g de poudre de noisette (ou de pistache)
25 g de beurre pommade demi-sel
4 œufs
15 g de sucre de canne complet
1 goutte d'huile essentielle de menthe poivrée + 1 goutte d'arôme naturel de café (facultatif)
Sel fin

Casser 150 g de chocolat noir en morceaux et râper les 20 g restants en copeaux à l'aide d'un économe.

Dans un bol, mélanger les copeaux de chocolat, la noix de coco râpée et la poudre de noisette (ou les pistaches finement concassées au mortier). Réserver.

Faire fondre les morceaux de chocolat au bain-marie avec 2 c. à soupe d'eau et le beurre. Lisser le chocolat fondant avec une spatule.

Séparer les blancs d'œufs des jaunes. Battre les jaunes avec le sucre avant de les incorporer au chocolat fondu. Ajouter éventuellement les arômes.

Incorporer délicatement et progressivement les blancs montés en neige ferme avec 1 pincée de sel. Répartir la mousse dans des coupes ou des ramequins, saupoudrer du mélange chocolat-coco-noisette, puis laisser reposer 2 heures au réfrigérateur.

Variante au tofu
Remplacer les œufs par 300 g de tofu soyeux, en gardant toutefois 1 blanc d'œuf.
Mixer le tofu soyeux pendant au moins 30 secondes pour obtenir une crème légère que l'on mélange avec le chocolat fondu. Mixer à nouveau pour obtenir une crème mousseuse homogène à laquelle on incorpore le blanc monté en neige. L'apport de protéines (majoritairement végétales) par personne, est réduit à 9 g.

Biscuits, petits gâteaux et crêpes

Biscuits secs aux noisettes et canneberges

Apport de protéines : 14 g (végétales)

Préparation : 10 min / **Confection globale :** 35 min

Détailler finement les canneberges aux ciseaux. Réserver.

Battre les œufs avec le sucre, jusqu'à ce que le mélange blanchisse. Incorporer progressivement la farine, la poudre de noisette, l'anis, le sel et les canneberges émincées pour bien les répartir dans la pâte. Former une boule.

Étaler la pâte au rouleau sur un plan fariné, avant de la faire glisser sur une plaque à four huilée. Cuire 25 minutes à four moyen.

Sortir du four et décoller la pâte à l'aide de spatules, puis découper de petits biscuits de différentes formes à l'aide d'un couteau et d'emporte-pièce (carrés, rectangles, losanges, disques) tant qu'elle est encore tiède. Les biscuits se conservent plusieurs jours dans un récipient hermétique.

Variantes

Cette recette se décline en variant les fruits à coque et les fruits séchés. On peut également préparer des biscuits chocolatés en ajoutant à la pâte 3 c. à soupe de chocolat en poudre et le zeste d'une orange.

Pour 8 personnes

60 g de canneberges séchées
2 œufs entiers
120 g de sucre de canne complet
150 g de farine T80
150 g de poudre de noisette
1 c. à café d'anis étoilé
1 pincée de sel fin aux herbes

Rochers aux noisettes

Apport de protéines pour 100 g : 18 g (végétales)
Préparation : 15 min / **Confection globale :** 50 min

Pour 8 personnes

100 g de raisins secs
300 g de flocons d'avoine
1 c. à soupe de fleur d'oranger
1 pincée de sel
150 g de noisettes

Faire tremper les raisins secs pendant 2 heures dans 20 cl d'eau chaude, puis ajouter les flocons, l'eau de fleur d'oranger, le sel, les raisins avec leur eau de trempage et jusqu'à 10 cl d'eau supplémentaires. La pâte obtenue doit se tenir.

Ajouter les noisettes grillées à sec et grossièrement pilées au mortier, bien mélanger. La pâte devient un peu collante.

À l'aide d'une cuillère à soupe, déposer de petits dômes de pâte sur une plaque huilée. Cuire 30-35 minutes à 180 °C.

Pancakes aux flocons d'avoine

Apport de protéines : 18 g (végétales)
Préparation : 10 min / **Confection globale :** 20 min

Pour 8 personnes

400 g de petits flocons d'avoine
½ l de lait de soja
1 c. à soupe de sucre de canne complet
Le zeste d'1 citron
2 pincées de sel

Délayer les flocons dans le lait de soja, puis incorporer le sucre, le zeste et le sel. Laisser reposer quelques heures ou toute une nuit pour laisser légèrement fermenter.

Ajouter un peu de lait de soja juste avant de cuire les pancakes pour obtenir une pâte semi-fluide. Chauffer une poêle huilée et déposer de petits tas de pâte avec une louche. Laisser cuire quelques minutes de chaque côté.

Servir accompagné de salade de fruits ou de compote.

Pavés florentins aux amandes et au miel

Apport de protéines pour 100 g : 13 g (végétales)
Préparation : 15 min / **Confection globale :** 1 h 15 min

Pour 8 personnes

60 g de raisins secs
1 verre de rhum
150 g de farine T80
1 c. à soupe de levure de boulanger déshydratée
150 g d'amandes
12 cl de lait de soja vanillé
75 g de miel
1 pincée de cannelle en poudre
1 pincée de sel fin

Faire mariner les raisins secs dans le rhum pendant 15 minutes.

Verser dans un saladier, puis ajouter la farine, la levure et les amandes finement concassées au mortier. Bien mélanger et ajouter progressivement le lait, le miel, la cannelle et sel. Rectifier et ajouter un peu d'eau tiède au besoin pour obtenir une pâte homogène et souple.

Sur un plan de travail fariné, abaisser la pâte sur 1 cm d'épaisseur, puis la faire glisser sur une plaque à four huilée avant de la couper en petits carrés ou en rectangles.

Cuire 30 minutes à four moyen. Les pavés florentins se conservent plusieurs jours dans un récipient hermétique.

Cette recette se décline en variant les fruits à coque et séchés.

Crêpes sucrées

Apport de protéines : 4 g (pour 2 crêpes)

Pour 8 personnes

1 pâte à crêpes sucrée (p. 96)
Garnitures au choix

Crêpes au beurre

Verser une louche de pâte dans une poêle huilée et chaude, retourner au bout de quelques minutes de cuisson et déposer une noix de beurre sur la crêpe. Replier les bords pour former un carré. Servir la crêpe chaude, éventuellement saupoudrée d'un peu de sucre de canne complet.

Pour une « couple froment-beurre » (version « à la bretonne »), confectionner deux crêpes d'affilée et déposer une noix de beurre salé entre les deux « en sandwich » pour qu'il fonde. Servir sans plier.

Crêpes aux pommes

Éplucher et détailler 4 belles pommes acidulées en fines lamelles (reines des reinettes, Canada, Choupettes...). Incorporer les pommes à la pâte avant qu'elle ne repose. Lors de la cuisson, veiller à bien répartir les lamelles sur toute la surface.

Replier les bords pour former un carré et disposer une volute de peau de pomme colorée au centre pour la décoration. Servir chaud.

Crêpes au coulis de framboise

Une fois que la crêpe est cuite, juste avant de la sortir de la poêle, étaler 2 à 3 c. à soupe de coulis de framboise et replier les bords de la crêpe en carré de façon à laisser apparaître le coulis. Décorer au centre de quelques framboises entières. Servir chaud.

Cette recette se décline en variant les coulis de fruits, ou avec de la compote, de la confiture, du miel...

Crêpes au chocolat noir et glace à la vanille

Au moment de retirer la crêpe cuite de la poêle, étaler 2 à 3 c. à soupe de ganache au chocolat noir (p. 97), replier les bords en carré, en laissant apparaître le chocolat noir fondant, et déposer une boule de glace à la vanille au centre.

CONCLUSION

Principales sources de protéines jusqu'au XXe siècle, puis détrônés par la viande, les végétaux – essentiellement céréales non raffinées, légumineuses et fruits à coque – vont-ils revenir sur le devant de la scène ? Une évolution dans ce sens se dessine, même si elle demeure encore timide. Elle est pourtant primordiale, tant pour notre santé que pour celle de la planète, mais ne pourra s'accélérer que si le consommateur prend conscience de l'intérêt nutritionnel, gastronomique et stratégique des protéines végétales.

Très économiques, ces dernières représentent un complément ou une alternative intéressante aux protéines animales, afin de concilier qualité et économie de moyens. La démarche responsable visant à diminuer sa consommation de viande au profit des protéines végétales repose sur quatre arguments clés :

- les protéines végétales permettent de réduire les méfaits qu'engendre l'excès de production et de consommation des protéines animales ;
- grâce à leur complémentarité, leur valeur biologique est à même d'égaler celle des protéines animales dans des repas végétaliens ou végétariens ;
- elles sont accompagnées de bien plus de nutriments protecteurs que leurs homologues d'origine animale ;
- enfin, elles offrent au consommateur un remarquable rapport qualité/prix.

La bataille des protéines ne fait que commencer. Si l'élevage intensif et l'excès de consommation de viande sont, à juste titre, de plus en plus critiqués et nous permettent d'espérer que les protéines végétales reprendront le dessus, elles vont en revanche faire face à une redoutable concurrence, l'industrie agroalimentaire n'étant jamais en reste pour tirer parti de nouvelles tendances.

En effet, l'alimentation est toujours plus artificialisée, notamment avec la production d'ersatz de viande, sous forme de saucisses ou steaks végétaux, aux antipodes des savoureuses associations culinaires de ce livre. On assiste aussi à la production à l'échelle industrielle d'insectes riches en protéines, de spiruline et autres algues pour la mouvance végan. Mais par-dessus tout, se profile le scénario de la fuite en avant scientiste, avec la production en ateliers-laboratoires de viande artificielle *in vitro*, à partir de cellules animales souches, supprimant ainsi les contraintes des élevages. Cela ne relève pas de la science-fiction pour être déjà envisagé aux États-Unis et même en France !

Quelle place reste-t-il alors pour les protéines végétales traditionnelles auxquelles est consacré ce livre ? La réponse viendra du consommateur, qui aura le choix entre de nouvelles sources de protéines et celles que nous prodigue l'agriculture originelle. Elle dépendra aussi des pouvoirs publics dont il faut espérer qu'ils soutiendront les secondes, et en particulier les légumineuses, fournisseurs gratuits d'azote pour les autres cultures.

Il est grand temps de remettre au goût du jour et à l'honneur les céréales complètes, première source de protéines végétales, mais également les légumineuses et les fruits à coque qui offrent une richesse de nutriments protecteurs et une grande variété de formes, de couleurs et de saveurs. Ces protéines ont l'avantage de nous nourrir et de ravir nos sens, mais aussi de stimuler notre imagination culinaire grâce aux multiples variantes que proposent les recettes à base de protéines végétales.

ANNEXES

Les nutriments indispensables

Dénomination	Description	Origines prédominantes	
		animales	végétales
Acides aminés	Au nombre de 8/20 : isoleucine, leucine, lysine, méthionine, phénylalanine, thréonine, tryptophane, valine.	- viandes - poissons - œufs - lait et laitages	- légumineuses - céréales complètes - fruits à coque - levure alimentaire
Acides gras insaturés	**série oméga-3 :** - ac. alpha linolénique - EPA, DHA	- poissons (chairs et huiles) - lait maternel pur (DHA)	- HPPF[43] de colza, lin, noix, soja - fruits oléagineux
	série oméga-6 : - ac. linoléique - ac. arachidonique	- graisses des viandes	- HPPF de : tournesol, sésame, carthame, noix, soja - germes de céréales - pépins de raisins
Toutes les vitamines	**liposolubles :** A, D, E, K	- lait, laitages - jaune d'œuf - foie de veau - huiles de poissons	- fruits et légumes - fruits oléagineux - HPPF
	hydrosolubles : C, P, groupe B, H, I	- foie de veau - jaune d'œuf - (viandes et poissons)	- fruits et légumes (+++) - céréales complètes - légumineuses, - levure alimentaire - graines germées - produits lactofermentés

43 HPPF : huile première pression à froid.

Dénomination	Description	Origines prédominantes	
		animales	végétales
Tous les minéraux et oligo-éléments	catalytiques (réactions biochimiques) et/ou plastiques (constituants des tissus)	Alimentation variée à base de produits frais non raffinés ; manger cru quand c'est possible (de même pour les vitamines).	
Fibres alimentaires	**insolubles :** cellulose, hémicelluloses, lignines **solubles :** hémicelluloses, pectines, gommes		- légumineuses - céréales complètes - fruits séchés - fruits oléagineux - légumes - fruits frais - algues
Composants protecteurs	- polyphénols (flavonoïdes, anthocyanes, tanins, acides phénoliques…) - caroténoïdes - composés aromatiques (glucosinolates, terpènes) - composés stéroïdes (phytostérols/ œstrogènes) - saponines - acide phytique		- légumineuses - céréales complètes - légumes - fruits frais et séchés - fruits oléagineux - thés et vins rouges

→ Ce tableau révèle à quel point il faut faire la part belle aux végétaux : ce sont les principaux pourvoyeurs en micronutriments et ils ont le monopole des fibres et des composants protecteurs.

Les fibres alimentaires

Propriétés des fibres alimentaires

Propriétés physico-chimiques	Propriétés physiologiques	Maladies et troubles favorisés si apports insuffisants
Pouvoir hygroscopique et gélifiant du bol fécal : - rétention d'eau - augmentation de volume - viscosité **Dégradation par la flore intestinale** **Effet absorbant :** - sucres - graisses - minéraux - facteurs carcinogenèse - radicaux libres	**Appareil digestif** - régulation faim/satiété - digestion stimulée - transit régularisé - équilibre de la flore intestinale **Régulation métabolique (fibres solubles surtout)** - effet tampon sur l'assimilation des sucres et des graisses - évite les à-coups caloriques, l'hyperglycémie, les excès de graisses dans le sang - action directe sur la synthèse du cholestérol **Effet antioxydant**	- surpoids et obésité - constipation - polypes et cancers - diverticulose - hémorroïdes et varices - appendicite - hernies - flore intestinale déséquilibrée avec troubles variés chroniques (intestinaux, infectieux, inflammatoires) - mauvaise tolérance aux sucres, diabète - athérosclérose - maladies cardio-vasculaires - lithiase biliaire - processus de vieillissement et de cancérisation

Sources des fibres alimentaires

Le règne végétal a le monopole des fibres (taux moyens pour 100 g)

- **Légumineuses : 17,5 g** (fibres solubles et insolubles)
- **Céréales complètes et produits céréaliers : 10,5 g** (fibres insolubles surtout ; fibres solubles pour l'avoine et l'orge)
- **Fruits séchés : 10 g** (fibres solubles et insolubles)
- **Fruits à coque : 8 g** (fibres solubles et insolubles)
- **Légumes : 1 à 4 g** (fibres solubles surtout ; fibres insolubles dans les légumes feuilles et racines)
- **Fruits frais : 0,5 à 2 g** (fibres solubles surtout ; fibres insolubles dans les fruits à noyau)

Manger bio, c'est bon pour la santé : études épidémiologiques

Qualité nutritionnelle des aliments selon leur mode de production

Il a fallu du temps pour être informé sur le fait que la population est insuffisamment pourvue en nutriments protecteurs par l'alimentation conventionnelle : l'enquête SUVIMAX[44] (*) (SUpplémentation en VItamines et Minéraux AntioXydants) de l'INSERM de Paris (Dr Serge Hercberg et collaborateurs), menée de 1988 à 2002, a révélé une nette insuffisance d'apports en antioxydants, minéraux, vitamines du groupe B et une carence en fibres (moins de 50 % de la ration recommandée).

De nombreuses études montrent une meilleure densité nutritionnelle (plus de nutriments à poids égal) des aliments bio, surtout pour les antioxydants, minéraux, vitamines, enzymes, fibres et acides gras insaturés. Les produits bio sont donc plus riches en nutriments protecteurs, très présents dans les végétaux et particulièrement en nutriments qualifiés de « bioactifs », comme les polyphénols (anthocyanes, flavonoïdes, tanins) et les caroténoïdes (bêta-carotène, pigments xanthophylles). Les produits laitiers bio contiennent beaucoup plus d'acides gras oméga-3 que les conventionnels.

Les dernières études concluent aux différences suivantes :

- Vitamine C : + 6 % (fruits et légumes, Baranski, 2017)
- Caroténoïdes : + 17 % (fruits et légumes, Baranski, 2017)
- Polyphénols : + 19 à + 69 % (fruits et légumes, Baranski, 2017)
- Acides gras polyinsaturés : + 24 % (lait, Butler, 2010)
- Acide linoléique conjugué : + 30 % (lait, Butler, 2010)
- Acides gras oméga-3 : + 57 % (lait, Butler, 2010)

44 Antioxidant vitamins and minerals in prevention of cancers: lessons from the SU.VI.MAX study, S. Hercberg, S. Czernichow, P. Galan. Br J Nutr. 2006 Aug. 96 Suppl 1:S28-30.

État de santé des consommateurs selon leur type d'alimentation

- Un nombre croissant d'études a mis en évidence l'impact positif des produits bio sur l'incidence de certains fléaux sanitaires :
- **diabètes :** diminution de 28 à 65 % du risque chez les consommateurs réguliers de produits bio (Sun, 2018, Kesse-Guyot, 2020) ;
- diminution de 25 % du **risque de cancer** (tous sites confondus) et de 74 % pour le lymphome non-hodgkinien (Baudry, 2018) ;
- réduction du **surpoids et de l'obésité** respectivement de 42 % et 62 % chez les femmes et de 36 % et 48 % chez les hommes (Kesse-Guyot, 2017) ;
- **pesticides dans l'urine :** 89 % en moins pendant la période de consommation de produits bio (Oates, 2014) ;
- **hypospadias** (anomalie congénitale chez les garçons) : risque diminué de 58 % lorsque les mères mangent régulièrement bio (Btantsaeter, 2016) ;
- **prééclampsie** (hypertension pendant la grossesse) : risque diminué de 24 % chez les femmes mangeant régulièrement bio (Torjusen, 2016) ;
- **davantage d'acide linoléique conjugué** (un acide gras bénéfique) dans le lait des mères mangeant bio (Rist, 2007) ;
- **eczéma :** risque diminué de 36 % chez les enfants consommant des produits laitiers bio (Kummeling, 2008) ;
- **otite :** incidence plus faible chez les enfants dont les mères ont mangé bio pendant la grossesse (Buscail, 2015) ;
- diminution de 31 % de la prévalence du **syndrome métabolique** chez les consommateurs de produits bio (Baudry, 2017).

Plusieurs de ces résultats (concernant surpoids et obésité, diabète, syndrome métabolique et maladies cardio-vasculaires, cancers), sont le fruit d'une vaste étude épidémiologique réalisée en France **(étude NutriNet-Santé)**, depuis une dizaine d'années et encore en cours.

Teneur en protéines des principales sources de protéines végétales

Aliment	Teneur en protéines en %	Famille d'aliments
Spiruline sèche	65	Algue
Levure alimentaire	40	Levure
Farine de soja	36	Légumineuse
Graines de soja	34,5	Légumineuse
Nori sèche	31,5	Algue
Graine de courge	30	Graine oléagineuse
Lentille corail	27,7	Légumineuse
Germe de blé	27,2	Céréale
Fève	26,1	Légumineuse
Lentille verte	25,1	Légumineuse
Arachide	25	Fruit à coque
Haricot mungo	24,5	Légumineuse
Cacahuète (arachide)	22,9	Légumineuse
Pois cassé	22,8	Légumineuse
Haricot rouge	22,5	Légumineuse
Farine de pois chiche	22,4	Légumineuse
Graine de tournesol	21,3	Graine oléagineuse
Amande	21,1	Fruit à coque
Graine de sésame	21,1	Graine oléagineuse
Pois chiche	20,5	Légumineuse
Graine de lin	20,2	Graine oléagineuse
Tempeh (soja fermenté)	20	Légumineuse
Haricot sec	19,1	Légumineuse
Pistaches	18,9	Fruit à coque
Tahin (purée de sésame)	18,4	Graine oléagineuse

Aliment	Teneur en protéines en %	Famille d'aliments
Noix de cajou	18	Fruit à coque
Avoine	16,9	Céréale
Chia	16,5	Graine
Noix	16	Fruit à coque
Noisette	16	Fruit à coque
Farine de seigle intégrale	15,9	Céréale
Laitue de mer sèche	15,9	Algue
Noix de cajou	15,2	Fruit à coque
Épeautre	14,6	Céréale
Blé khorasan	14,5	Céréale
Wakamé sec	14,1	Algue
Amarante	13,5	Céréale (pseudo)
Flocons d'avoine	13,3	Céréale
Quinoa	13,2	Céréale (pseudo)
Sarrasin	12,9	Céréale
Farine de blé bise (T65)	12,6	Céréale
Blé dur	12,5	Céréale
Orge	12,5	Céréale
Farine d'épeautre	12,5	Céréale
Farine de blé intégrale	12	Céréale
Couscous	12,0	Céréale
Pâtes	11,8	Céréale
Blé tendre	11,5	Céréale
Boulgour	11,5	Céréale
Farine de sarrasin	11,5	Céréale
Farine d'épeautre	11,4	Céréale
Riz sauvage	11,1	Céréale
Miso	10,7	Légumineuse (produit dérivé)

Aliment	Teneur en protéines en %	Famille d'aliments
Pain complet	10,2	Céréale
Farine de blé complète ou demi-complète	10,0	Céréale
Farine d'orge	9,9	Céréale
Orge perlée	9,9	Céréale
Tofu	9,9	Légumineuse (produit dérivé)
Pain bis	9,4	Céréale
Maïs	8,1	Céréale
Ortie	8,0	Légume sauvage
Riz rouge	8,0	Céréale
Polenta	7,9	Céréale
Riz thaï et basmati	7,7	Céréale
Raifort	7,5	Légume
Riz (blanc ou complet)	7,1	Céréale
Sauce soja	7,0	Légumineuse (produit dérivé)
Noix de coco râpée	6,4	Fruit oléagineux
Petit pois	5,8	Légume
Chénopode bon-Henri	5,3	Légume
Châtaigne (farine)	5,1	Fruit
Chou frisé (kale)	4,3	Légume
Chou de Bruxelles	4,0	Légume
Brocoli	4,0	Légume
Noix de coco fraîche	4,0	Fruit oléagineux
Maïs doux	3,3	Légume
« Lait » de soja	3,3	Légumineuse (produit dérivé)
Salsifis	3,2	Légume
Artichaut	3,1	Légume
Pois mangetout	3,1	Légume
Wakamé	3,0	Algue

Index des ingrédients qui contiennent des protéines végétales

Céréales et produits dérivés

Fruits à coque et produits dérivés

Légumineuses et produits dérivés

Déjà parus aux éditions Terre vivante

Manger bio sans dépenser plus !
40 menus bio à moins de 3 €, 250 recettes
Claude Aubert et Christine Mayer-Mustin avec la participation du Dr. Lylian Le Goff

Amandes, noix, graines & Cie
De fantastiques atouts santé
Claude Aubert et Geneviève Maubon

Fabuleuses légumineuses
Avec 140 recettes traditionnelles
Claude Aubert

Simplement bio, simplement bon
120 recettes végétariennes faciles et rapides au fil des saisons
Valérie Cupillard

Mon bébé bio et veggie
50 recettes simples et équilibrées dès 4 mois
Louise Browaeys et Aurélie Jeannette

Maman, je ne veux plus manger de viande
50 recettes sans viande et tous les conseils d'une maman carnivore
Carole Ibrahima

Des céréales qui changent !
Plus de protéines, vitamines, minéraux... et moins de gluten
Valérie Cupillard

Vive les lentilles !
40 recettes bio, faciles et créatives
Hélène Schernberg et Louise Browaeys

Le sarrasin, la petite graine aux grands effets
45 recettes salées et sucrées
Marie-Maure Tombini

Je cuisine les plantes sauvages
50 recettes pour accommoder mes cueillettes
Amadine Geers et Olivier Degorce

PEFC 10-31-1510

Achevé d'imprimer en France par Corlet en janvier 2021
N° d'imprimeur : 20120785 – Dépôt légal : février 2021